講談社選書メチエ

796

なぜあの人と分かり合えないのか

分断を乗り越える公共哲学

中村隆文

MÉTIER

はじめに

人生のどの時期においても、人と「分かり合えない」ことは常につきまとう。子どもの頃、友達と遊ぼうとしていると、勉強をさせようとしてきた親とけんかになった経験はないだろうか。大人になって、会社のくだらない非効率的な慣例にうんざりして無視していたら、上司に叱られることもあるだろう（逆に自分が教える立場であるとき、新人に大事なことを注意しても、なかなか分かってもらえないこともある）。気心の知れた友人相手であっても、ときに飲み会の席などで口論になり、喧嘩別れしてしまうことさえある。

どうすれば話し合いができるのか

こうした「分かり合えなさ」は、公共的な問題でさらに鮮明となり、ときにどうしようもなく意見の食い違う状況になることがある。たとえば、ある人は「権利とは、なすべき義務を果たしてはじめて認められるものだ。なので、他人に迷惑をかけて、社会の負担となっている人は、そうでない人と同様の権利を主張するべきではない」と言う。すると、それに対して別の人は、「権利は、すべての人に最初から保障されるべきもので、その人の在り方次第でなくなるようなものではない」と反論し、物別れに終わってしまう。

ほかにも、身近で日常的な例でいえば、「努力しない人が貧しいのは自業自得だ」「稼ぎのよい仕事に就きたければ、まずは努力して高学歴になればいい」などの意見がある一方、「努力によって成功できること自体、恵まれているだけでその人の実力とはいえない」「学歴主義や成果主義は幸運な勝利者のロジックであり、それは非人道的だ」などの意見もあり、双方がなかなか譲らないこともある。たしかに、「大人は自己責任のもとで生きるべき」といわれればそのとおりであるが、すべての苦境を自己責任として引き受けるべきかどうかは別の話であろう。しかし、すべての苦境や失敗を他人や社会のせいにすればよいかといえば、それもまた問題である。

こうした複雑で難しい議論では、ときに互いが対立する意見の持ち主の「分からなさ」を非難し、前者は後者に対して「世間知らず」や「現実を知らない理想主義者」とあざ笑い、後者は前者に対して「差別主義者」「人権というものを分かっていない野蛮人」と怒りを向けがちであるが、ほとんどの場合、それ以上議論が掘り下げられることはない。さらにいえば、そうした人たちは政治的党派性という点でも対立しがちで、それぞれ相手が応援する政党の欠点をあげつらい、そこに、それぞれの政党に所属する政治家たちも参戦し、支持者間の対立を反映する形で、政治家同士でレッテルを貼り付け、ダメ出しをしあうことすらある。そこでは、自身の主張ばかりを唯一の正解とみなし、異なる意見の持ち主を敵視し、相手を排除したり、その意見を抑圧したりする。

こうした傾向は、政治から遠く離れた日常においても見受けられる。逆にいえば、日常においてそれが当たり前となっているからこそ、ある層からの支援を取り付けたい政党・政治家もまた同様の態度をもって、別の政党・政治家を貶めようとする。互いがそうすることによって、もはや議論とも呼べない――そして、子どもたちには到底見せられないような――口汚い罵り合いが政治の場でも蔓延《はびこ》ってしまっている。これでは建設的な議論や相互理解など深まるはずもなく、せっかくの議会制度や民主主義も、単なる多数決程度の意義しかもちえない。「議論は大事だ」とか「もっと積極的になりましょう」と呼びかけてみても、現状は何も変わらないだろう。

当たり前のことだが、議論をするには、自分の主張と相手の主張の細かいところを明らかにしたうえで、話し合いのテーブルにのせなければならない。たとえば、①そもそもその問題はどのような事柄であるのか、②どんな基準でどの方針を採ろうとしているのか、そして、③その方針はどのような条件（範囲や時期）において有効であるのか、などをある程度クリアにしなければ、建設的な議論などはできようもない。

たとえば、さきほどの権利の話も、「権利」にはいろいろあって、生存権や身体の自由、財産権のような基本的人権と呼ばれるものもあれば、売買契約のように特定の義務を果たさなければ認められない特定の権利（あるいは相手方が責務を果たさない以上、自身も責務を果たすことを拒否できるような抗弁権）など、さまざまなケースがある。権利の無条件性を主張する側も、そうでない側も、それぞれの言い分に該当する権利概念があって、まずは自分と相手が問題とする事柄をはっきりさせてその差異と共通部分を示す必要があるのだ。

つまり、単に議論の場を増やすだけでなく、自身と異なる相手の言い分・主張をきちんと読み取り、その論理構造を把握するといったスタンスが広まる必要がある。しかし、そうしたスタンスは心意気だけでとれるものではない。問題を問題としてとらえるための枠組（フレーム）や、いくつかの観点（パースペクティヴ）が必要となる。そこで、本書では、日常の身近なケースについて考えるために、「公共哲学（public philosophy）」と呼ばれるものの知見を活用する。

公共哲学にできること

公共（圏）とは、共同体で生活する以上、何らかの形で他人とかかわらざるをえないような、私的領域の外側の領域のことであり、公共哲学とは、国家と私人との間のそうした領域における諸問題を取り上げ、分析する学問である。これは、政治哲学や法哲学と重なる問題を取り扱うこともあるが、政治や法そのものを論じるというよりは、その基礎部分ともいえる価値観や考え方を分析するものである。たとえば、法で禁止されているわけではないが、本当にみんながやってもよいことかどうか分からないような問題について、どの観点から何がいえるかを模索し、さまざまな「理由」を言語化することで、さまざまな選択肢をフェアな形で議論の場に提示することができる。

公共哲学のこうした手法は、異なる意見の持ち主たちにみえていた不気味さを多少は緩和し、同じ共同体で暮らす「等しく尊重されるべき市民」としての顔を映し出してくれることだろう。それは、感情的で憎悪に満ちた「形式上の話し合い」から、理知的で建設的な「本当の民主主義」への扉を開く契機ともいえる。それは同時に、多くの未来への可能性が開かれていることに気づかせ、自分自身の将来にのみ責任を負うような「個人」ではなく、隣人や将来世代に対しても責任を負うような「市民」として、われわれに決断を迫らせるものでもある。もちろん、そこでは、われわれはときに悩み、「これでいいのだろうか」と不安に陥ったりもする。しかし、それこそが責任ある大人として生きるということではないだろうか。自由意志に基づく判断のもと責任を負うからこそ悩み、不安にもなるが、それは、そこに開かれた可能性ゆえにそうであること、そして、その不安の先には希望もみいだしうることを意味するものである。本書の議論を通じ、不安と戸惑いのなか、何らかの希望をみいだしつつそれを共有するようになってもらえれば幸いである。

本書の構成として、まず序章において、公共圏を分断し格差を拡大させゆく商業主義の危険性を指摘する。つづく第Ⅰ部では、子どもたちが苦しむ学歴偏重社会をとりあげ、その構造的問題にせまる。その後、第Ⅱ部では、競争社会で疲弊し、ルッキズムや年齢差別などにも直面する大人たちの苦しみにも焦点をあてる。最後に、第Ⅲ部では、公共哲学の理論的分析を通じ、問題解決へと至る道筋を模索する。本書を読み進めるなか、これまで問題とせずに見過ごしてきたことへの認識が変化してゆくとき、それはまさに「公共」を「哲学」していることになると思われる。

なぜあの人と分かり合えないのか

目次

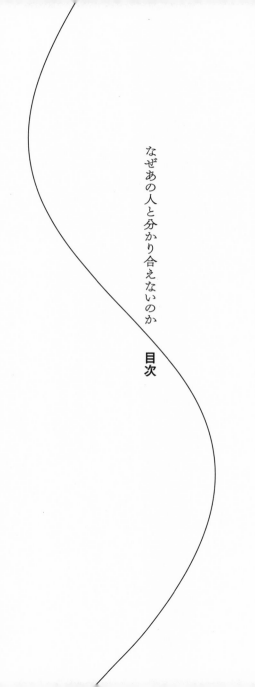

序章　「いやならお金を払えばいいのに」の論理
——断片化する公共圏

1　商業主義のもっともらしさ

二〇一〇年代の公共哲学としてもっとも名の知れ渡ったものといえば、やはりマイケル・サンデルのものであろう。彼はいろんな本を書いており、そのほとんどが飛ぶように売れている。そのうちの一つ『それをお金で買いますか』[1]（二〇一二年刊）は、日本でもかなりの売れ行きをみせたように思われる（私も、本務校のゼミで数回使用している）。内容をざっくりいえば、すべてに値段がつけられるような商業主義が広がるなかでの公共圏の希薄化・喪失への懸念が示されているわけだが、同書の特徴的な点は、身近な分かりやすい例を提示しながら、お金で何をどこまで買えるようにすべきかを考えさせてくれることにある。事例としては以下のものがある。

〈サンデルが挙げた事例（いくつかのものについては省略）〉

・刑務所の部屋のアップグレード

・身体にペイント、刺青をするなどの企業広告
・お金をたくさん払うことで待たなくてもよいファストトラック
・行列で待つことを代わってくれる並び屋
・金払いのよい人を優先的に診察するコンシェルジュ・ドクター
・自分の生命にではなく、他人の生命にかけられた保険の証券化
・教育現場において、インセンティヴとしてのお金の使用
・大気汚染の権利の売買

これらの多くが、「お金」の力をもってしてでも状況をなんとかしようというニーズに対し、利益を求める企業や成果を求める団体などがそれをチャンスととらえ利用してきた事例である。これはいかにもアメリカ的なようにもみえるやり方だが、そこには単なる商習慣だけでなく、盤石で揺るぎ難い社会観・世界観というものもあるので、まずここを押さえておこう。

自由市場を支えるリベラリズム

基本的な考え方として、こうした商業主義の根底にあるのは（そしてこれは日本でも通用するものであるのだが）、自由市場のもとでの売買契約は当事者双方の利得である（いわゆる、win-win関係）、という端的な事実である。判断能力のある当事者のいずれもが、強制・強要・詐欺をうけないまま、自由意志に沿って売買契約を締結するということは、それぞれの当事者が「この取引は自分にとってプ

ラスである」と判断しているわけなので、それが他者の権利を侵害しない限りはそこには何人《なんぴと》も介入できない。これは自由主義の大原則である。

そこでは、誰がどんな価値観をもっていてもよい。どんなに馬鹿らしいと思える商品も、ニーズがあれば売れるわけで、そうである以上、（迷惑がかかっていない以上は）無関係な他者がそうした取引を禁止しようとすることは、他者の自由への介入・侵害ということになる。そうした介入・侵害を禁じるのがリベラリズム（自由主義）の大原則である。この大原則が守られなければ、市場は活気をなくし、それは市民たちの満足度を低下させてゆくであろう。

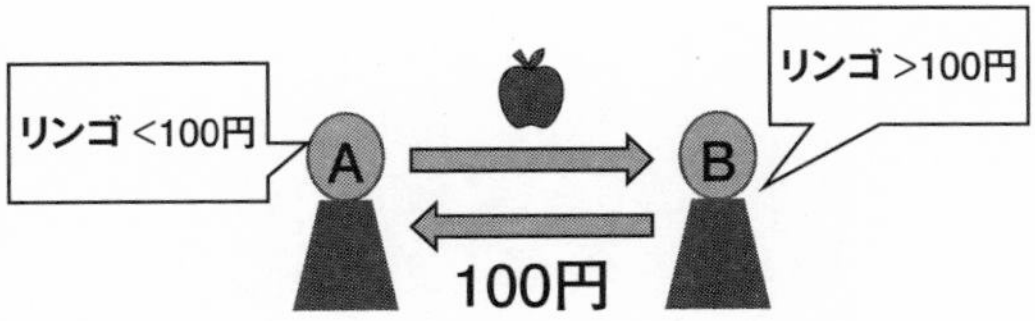

商品（リンゴ）の売買契約を示すwin-winの図
（四角の吹き出しのなかの不等号は、売り手・買い手における選好の強さを示している）

たとえば、上記の図においては、売り手Aは手元のリンゴ一個を手放してでもこの取引で一〇〇円を欲しているし、買い手Bは手元の一〇〇円を手放してでもリンゴ一個を欲している。こうして異なる選好をもった両当事者のニーズがマッチするからこそ、売買契約という形でwin-win関係が成立する。

もしここで、「リンゴは悪の象徴だから売るべきではない」とか、「リンゴに一〇〇円も支払うのはばかげているのでそんな取引は許されない」というような社会的価値観のもとこの手の取引が禁じられるとすれば、そうしたwin-win関係は成立することなく、社会の効用も低下し、経済も停滞してしまうであろう。経済政策において市場の活性化は必須であり、そのためには、商売の自由や取引の自由などが保障されるべきという考えは自由市場主義の常識でもある。

そのような自由市場を支えるリベラリズムのもと、売れそうなものには何でも値札をつけようとする商業主義が登場することになる。商業主義は、自由主義をベースとして、それまで考えられもしなかったものにどんどん値札をつけてきた。

生活必需品でない物珍しいもの、とりわけ、有名アスリートのサインや使用済みの道具などはその象徴ともいえる。あまり興味がない人からすると、それに何十万円も何百万円もかけるのは馬鹿らしいかもしれないが、しかし自分がそう思っているからといってそれを妨害する権利はない。それを欲しがる人と、それを売ろうとする人とのマッチングが成立すれば、そこには win-win 関係が生まれるし、経済も循環し、社会全体の効用も結果的には増大する。これは、いいことずくめのように思える。こうした商業主義の従来の営みに対し、そこまで不快感を覚える人は――少なくとも、二一世紀のこの社会において――そこまで多くないかもしれない。

2 「やりたくないこと」「やってほしいこと」につけられる値札

しかし、その商業主義の値札が、日常のあらゆるものにベタベタと貼りつけられ続けるとどうなるであろうか。これについて考えてみよう。

社会で生きている以上、思い通りにいかないことは誰にでもある。行きつけの美味《おい》しいラーメン屋や、人気のアトラクション施設にいったとき、そこに集まったほかのたくさんのお客がなした行列の一番後ろに並ばなければならないこともあるだろう。お気に入りの商品を購入したいが、数に限りがあって、それを手に入れられなくてくやしい思いをすることもある。そして、「なんとかしたい！お金を払ってでも……」と思う人がそこにいる限り、商業主義がそこで根を張る可能性は常に存在する。

身近なものでいえば、遊園地で待ち時間を短縮するファストパス[2]（ファストトラック）や、飛行機に先に搭乗し、先に降りることができる優先搭乗券などがある。こうしたシステムの根幹には、お金を通常料金よりも多めに払った人は、待ち時間を短縮できるという、「お金と時間のトレードオフ関係[3]」がある。

もっとも、トレードオフ関係自体は通常の売買契約でもある。リンゴを一〇〇円で購入したい人は、一〇〇円を手放すかわりにリンゴを手に入れるわけで（逆に、リンゴを一〇〇円で売りたい人は、リンゴを手放すかわりに一〇〇円を手に入れる）、それ自体は善でも悪でもない。トレードオフによって得られる効用（満足度）がプラスであり、互いに条件が一致すればビジネスが成立するわけで、時間を節約するかわりにお金を多く支払いたい顧客ニーズがあり、それに応えることで儲けられる業者がいる以上、両者におけるそうした取引が成立するのは自由市場において当然のことといえる。

代行業者の登場

そこで、最近では「行列待ち代行業」というものも登場しており、代行業者に依頼すれば、行列に並ぶ待ち時間と苦労を省き、目的を達成することができる。つまり、誰かが「やりたくないこと」「やってほしいこと」に値札を貼り、その購入者にサービスを提供する、というわけである。サンデルは二〇一二年の時点においてアメリカのそうした業者に言及しており、当時としては珍しかったように思われるが、二〇二三年の現在においては日本にもそうした業者が台頭しており、そのニーズはしばらく途切れることはないように思われる。[4]

さらにいえば、大学生向けのレポート代行業者や卒論代行業者というものもあるのだから驚きである。私がざっと調べたところ、四〇〇字あたり二〇〇〇〜三〇〇〇円、二万字あたり一〇万円前後のものもあり、決して安いとは思えないが、藁にもすがる思いの学生からすれば許容範囲なのであろう。とはいえ、大学教員としていわせてもらうならば、単位取得や卒業の要件として、そうしたレポート・卒論作成は本人が行うべきものであるので、本人が書いていないものと判明した場合にはカンニング同様に単位取得・卒業の取り消しとなりうる。なにより、作成作業のなか、いろいろ自分で調べたり、文章を書くスキルを身につけられなくなるので、レポートや卒論にはまじめに取り組んでほしいものである（それは、スキルを身につけつつ、余計な支出を減らすという意味でも、学生にとっては合理的な選択であるように思われる）。

商業主義が生む不公平

しかし、こうしてみると、われわれの身の回りには、いろいろと欲しいものの他にも、いろいろとやりたくないことが溢れている。前者を手に入れるためにお金を積む人だけでなく、後者を避けるためにお金を積もうとする人もそれなりにいるようである。商業主義はそこに目を付けて、人が欲するものだけでなく、避けたいものにまで値札を貼るようになる。その結果、われわれの周りは値札に囲まれた世界となってしまった。ビジネスパーソンや経済学者たちにとっては、こうした状況はお金が動き、経済が活性化されるという点ではウェルカムかもしれない。

しかし、これがさらに進めば——あるいはもう進んでいるかもしれないが——明らかに不公平とも思えるような事態となるだろう。国家の財政難を政治が解消しようとする場合、政治家に自分の意見・要望を伝えるにしても、お金をたくさん払える人が優先的に取り扱われるとすればどうであろうか。あるいは、同じ公道を走るにしても、お金をたくさん払う車は、時速七〇キロ以上で走れるが、そうでない車は時速二〇キロ以下で走るように法改正されるとすればどうであろうか。そこでは何かが歪《いびつ》となっているのではないだろうか。

3　市民を分断するスカイボックス化

ファストトラックや行列待ち代行業などに違和感をおぼえる人たちは、もしかすると、「他に我慢して並んで待っている人もいるのに、お金の力でその人たちの前にでるようなマネって恥ずかしくないんですか？」と道徳主義的観点から批判するかもしれない。しかし、それに対し、そうしたものに賛同的な人たち——つまり、商業主義者たち——は次のように返すであろう。「そんなの、個々人の自由でしょ。待ちたくないなら、一番早く並ぶか、お金を使えばいいだけで。そのコストを惜しんだからこそあなたたちは、そうして並んでいるのでしょう。私はそんなあなたたちに「なんでお金をもっと使わないの？」「なんで一番前に徹夜で並ばないの？」と非難はしませんよ。だから、お互い文句は言いっこなしでいきましょう」と。

こうした自由主義—商業主義側の言い分は表面上もっともらしく思える。お金と時間とはトレードオフ関係であるので、どちらかを節約しようとすればどちらかを消費するしかない。そして、それは個々人に委ねられた自由選択の話でしかない。時間であれお金であれ、それぞれが自身の資産を使用して、欲するものを手に入れようとしているわけで、自由市場のロジックに基づけば、ここにおいて誰もが等しい立場にいることになる。

商業主義のロジック

しかし、それは、有効活用できる時間やお金をそれぞれ十分に有していることを前提としたロジックである。お金も時間ももっている人は、どちらかを随意に使用して問題に対応できるが、すべての人がそうであるわけではない。時間があまりないからといって十分にお金をもっているとは限らない。

一般的には、低所得者層は時間当たりの給与額は低く、それなりのお金を稼ぐのにかなりの時間を費やすことになる。つまり、時間とお金のどちらも随意に使えるほど余裕があるわけではない。お金を使って楽をしようにも、そのお金を稼ぐのに、富裕層よりも何倍もの時間を費やす必要がある。そのようななかで気軽にお金を使うことは当然ためらってしまう。だからといって時間を使えば、働けなかった分生活費や食費にしわ寄せがきてしまうので、やはり列に並ぶのに長時間を費やすことも気軽にはできない。

お金と時間を有り余るほどにもっていて、どちらを使っても構わないというのは、概して経済的に余裕がある人である（時間当たりの給与が高かったり、不動産や株式などの不労所得をかなり得ている人）。そのような人たちが、そうでない人たちに「お前らには時間があるじゃないか」とか、「もう少しうまく稼げばいいだけでしょ」などと言うのは、あまりにも配慮に欠けた態度といえるだろう。

そうした言動や、そうした言動を許容するかのような商業主義は、「金持ちが生きる領域」と「金持ち以外が生きる領域」とに公共圏を分断する。その結果、人々の政治的関心をも――決して交わることのない形で――分断し、解消しがたい対立を招いてしまう。互いに、共に苦労し、共に喜びを分かち合うようなことがなくなってしまった状況では、互いが互いを、公共的関心を共有する「隣人」というよりも、それをまったく共有することのない異なる「他人」とみなすであろうし、政治もそれに巻き込まれる形で、社会的分断状況へと至ってしまうだろう。行き過ぎた商業主義がはびこるアメリカにおいてサンデルが危惧するのはまさにこうした事態であるし、それはいくぶんか現実のものとなっているように思われる。

サンデルの危惧

サンデルは、商業社会におけるお金持ちとそうでないものとの分断を、アメリカ人のライフスタイルの「スカイボックス化（Skyboxification）」と名付けた。スカイボックス（あるいはスカイボックスシート）とは、野球場などで一般観客席のさらに上にもうけられたスペシャル観客席のことで、球場全体がみわたせる広くて快適なプライヴェートスペースもしくは会員スペースである。当然、それなりのお金が必要であるし、特別な試合ではその価格も跳ね上がる。屋根のない球場で、突然の雨にさらされたくなければ、あるいは、窮屈な座席で、隣の客の大声が耳に響いたり、前の座席の無作法者が立ち上がってときどき視界をふさぐことを避けようとするならば、それなりのお金を払いこのスカイボックスでリラックスして野球を観戦してもよいだろう。

私自身はこのスカイボックス自体にそれほど悪い印象をもっていないが（日本には伝統的に相撲の枡席などがある）、しかし、社会全体がスカイボックス化することで、お金がある人は常に居心地がよいが、そうでない人は病院診療での長い待ち時間に苦しんだり、何をするにも苦労をしなければならないようなギャップが生じるのは、やはり好ましいとは思えない。

そうしたギャップがある状況では、前者はお金持ちである自分たちを優遇する、あるいは既存の格差を自己責任論のもとで容認する政党に投票するであろう。他方、後者は非お金持ちである自分たちを手厚く支援する――たとえば、高所得者を除外した税負担軽減や、学費や医療費の無償化などを公約とする――政党に投票するであろう。前者は後者に対して「甘えている」と蔑んだ言葉を、後者は前者に対して「たまたまうまくいっただけでいい気になっている」と憎しみの言葉を互いに浴びせ続けるかもしれない。このような状況では、本当の意味での共存・共生・連帯というものが実現する日は訪れないであろう。サンデルが嘆くアメリカの現状はまさにこうしたものであるし、日本も決してこれと無縁なわけではない。

ただし、だからといってサンデルは、すべての社会格差をなくすために商業主義を捨て、自由市場を閉ざすべきとまで言っているわけではない。彼が危惧するのは、共通体験や共生意識の欠落が招く、公共圏の希薄化である。公共圏それ自体は、個々人がそれぞれ努力し、自由に生きる社会であっても両立可能なものである。大事なことは、共に同じ社会で隣人として暮らし、文化やアイデンティティを包摂した公共の担い手として共生できるかどうか、というところにある。[6]

サンデルはその著書のなかで問題提起はするものの、具体的に何をどこまでどうすればよいのかは明言していないが——だからこそ、サンデルの本の読者のなかには「結局、どうすればいいの？」と不満げな感想を持つ人もそれなりにいるが——おそらくは、所得格差や階層格差などに関係なく、誰もが等しく公平に取り扱われる領域はきちんと確保すべき、ということになるだろう。

私が思うに、商業社会がもたらすスカイボックス化の拡大は、日本国憲法で言及されるところの「すべて国民は、個人として尊重される。生命、自由及び幸福追求に対する国民の権利については、公共の福祉に反しない限り、立法その他の国政の上で、最大の尊重を必要とする」（第一三条）、「すべて国民は、法の下に平等であって、人種、信条、性別、社会的身分又は門地により、政治的、経済的又は社会的関係において、差別されない」（第一四条第一項）、「すべて国民は、健康で文化的な最低限度の生活を営む権利」（第二五条第一項）などに抵触しない限りにおいては許容可能なように思われる。[7]
つまりは、高いお金を払って飛行機のビジネスクラスに搭乗したり、遊園地で待ち時間を短縮したりするくらいならまだ良いかもしれないが、[8]お金をたくさん払えないことを理由に、病院での診察を長時間待ちながら苦しみに耐えなければならなかったり、政治家と接するアクセスの機会（公聴会への参加機会など）を奪われたり、法的トラブルにおいてお金がないからといって弁護士に頼ることができなかったり、法廷において不利な立場を強いられたりする、[9]などということはさすがに許容しがたい。

しかし、商業化の波を食い止めることはそう容易ではない。商売の自由（営業の自由）もまた、日本国憲法第二二条の「何人も、公共の福祉に反しない限り、居住、移転及び職業選択の自由を有する」において保障されているし、できるだけ儲けようとする生き方は、前述の一三条での幸福追求権に該当する。誰もそれを妨げることはできない。もちろん、一三条も二二条も、ともに「公共の福祉に反しない限り」という条件付きではある。しかし、これをたてに「世間のモラルに反するからやめろ」とばかりに公権力が介入してくるとすればそれは権力の濫用にあたるので、これについては慎重さが求められる。だが、だからこそ、そうした商業化がもたらす社会的分断にはわれわれ自身が自発的に気を配り、その波に飲み込まれることがないよう心掛けねばならない。公共哲学の役割はまさにそこにこそあるだろう。

しかし、波打ち際はすでに足元にまで迫っている。いや、それどころか、すでに膝まで水に浸されているのかもしれない。われわれを囲むこの世界から次第に――われわれが共に目指そうとするところの――共通善が失われ、目に見えないところでさまざまな分断が生じ、われわれを対立させてしまっているケースはいくつも存在する。次章では、われわれがすでに経験している、そして次の世代が経験するであろう「教育」の現場にも、その分断の兆しがみえはじめていることを論じてみよう。

第Ⅰ部

子どもの難問

子育て、教育、学歴社会を考える

第1章　お金のために勉強させてもよいか——教育の脱公共化

1　教育現場の悩み

「子どもは社会の宝だ」「教育にはお金を惜しむべきではない」という言葉をときどき耳にする。実際、我が子の将来のために途方もないお金を使う親も珍しくないし、政治家においても、教育政策への投資を渋るよりは、それを惜しまない方が人気を博すわけで、選挙の際にそれを検討課題（アジェンダ）とする候補者はたくさんいる。

では、実際のところ、教育現場はどうなっているのだろうか。教育行政のもと、設備の充実だけでなく、カリキュラムの効率化やより良き授業を実施するための教員研修、生徒たちへの授業アンケートの実施など——教員の負担は増える一方で、減ることはあまりないわけだが——子どもたちにより高品質の教育を届けることこそ、現代の教育サービスの在り方とされてきた。

ところで、日本の教育制度について「時代遅れ」とか「詰め込み」と揶揄されることはあるが、決してそのようなことはない。もちろん、日本の子どもは英語でのコミュニケーションや英作文などでは他国に遅れをとるかもしれないが、論理的思考能力や文章作成能力は劣るものではない。欧米の文化や宗教については――おそらく向こうの人たちが予想している以上に――知識をもっており、教養という点でも決してひけをとるものではない。私が二〇一〇年前後あたりに授業をみせてもらいにうかがったアメリカやオーストラリアの学校などと比べても遜色なく、数学分野においては日本の方がかなり進んでいる印象があった（現在もそうであるかは定かではないが）。

それになんといっても、日本においては、ある程度以上の水準の教育が全国ほぼ等しく――いくぶんかの違いはあるが――提供されているといってよい。学習塾や予備校の数、模試の受けやすさなどに関しては地方によって差があり、それが地域ごとの大学進学率（とりわけ有名大学合格率）の差として表れているようだが、学習内容それ自体でいえばかなり画一的なものといえよう。もちろん、そうであっても、個々の家庭環境の違いや地域格差、文化資本の差は依然として残る。公的な教育の務めは、そうしたディスアドバンテージを、本人が頑張ることによって乗り越える可能性を担保することにある。

学習意欲と格差

ただし、問題は、家庭環境や文化資本の差は学習意欲の差となって現れることも多いということである。意欲的に勉強を頑張ることで教育格差を乗り越える可能性があるとしても、頑張る意欲が低いままであればせっかくのチャンスを活かしようもない。そうした学習意欲が低い子の意欲をいかに高めるかについては、いまだ教育現場の課題であり続けている。もし、「頑張るか頑張らないかで自分の将来も決まります。自己責任ですね」と子どもたちに言って済むのであればよいが、教育現場において、子どもにそういった自己責任論を振りかざすわけにもいかない。初等・中等教育の現場では、子どもたちを机に向かわせ、勉学に取り組むように、先生方が一生懸命頑張っている。しかし、うまくいかないことも多い。だからといってそれ以上やろうとすると、当の生徒のみならず保護者が苦情を言ってきたりする。ときに、ハラスメントや体罰とみなされかねないこともあり、現場の教員たちは日々悩んでいるという話もよく耳にする。[10]

話をアメリカにうつしてみよう。アメリカでは、日本以上に格差というものが大きい。教育格差が収入格差を生み、そしてその収入格差によって子どもたちの教育水準に格差がもたらされ、さらに収入格差を、といった「格差の再生産」がある。とりわけ、低所得者層の保護者が受けてきた教育水準が低い場合、教育の価値を過小評価し、我が子の教育にお金をかけようとしないばかりか、学校に行かせようともしない家庭もある。そうした家庭の子どもたちは、幼少期において教養・勉学に従事する習慣を身につけられず、その結果、賃金の低い仕事しか選択肢がなくなる。生活に光明をみいだせないなか、地元の不良仲間と犯罪に手を染めるようになるケースもある。そうした子どもたちが大人になり、また子どもをつくっても同様のことが繰り返されるという負の連鎖が社会問題となっている。

しかし、こうした子たちを無理やり学校にいかせても、将来の希望がないまま学校に留まることはその子たちにとって苦痛でしかなく、結局のところ学校を飛び出して町をうろつきギャングの仲間入りをするはめになる。[11] かといって、教員がそういった子どもたちに希望を説いたところでいまいちピンとこないだろう。そうした子どもたちの学習意欲を高め、いかにその子たちの未来や、その子たちが大人となったときの社会の在り方をより良きものとするかについては、アメリカの教育現場で常に課題となっているし、日本も他人事というわけではない。

2　子どもへの金銭的インセンティヴ

興味深いのは、こうした状況の改善として、アメリカの場合、ビジネス的なインセンティヴ（行動を誘発する原因：誘因）制度に希望がみいだされることも少なくないということだ。人は快を求めて苦を避けるし、お金をもらえば嬉しいが失うのはできれば避けたい。大人ですらそうなのだから、感情豊かで、欲しいものを買うのもままならない子どもであれば、こうしたインセンティヴはさらに強力に働くはず、とされるのも無理はない。実際、家庭内において、「お手伝いすればお小遣いあげる」とか、「テストで頑張ったら、欲しいもの買っていいよ」と言って子どもをやる気にさせようとする親もいるだろう。

しかし、各家庭それぞれにまかせていては、経済格差がそのままインセンティヴ格差となってしまい、子どもたちの学習意欲の差となってしまう。そうであるとするならば、教育内容を画一的にそろえるように、学習意欲も一律的にそろえるような政策として、学習意欲がないすべての子に、金銭的インセンティヴを与えようとするのは、社会的公平の理念に沿っているようにもみえる。「お金で釣る」といえば聞こえは悪いが、それが本人のためになるというのであれば、金銭的インセンティヴを導入する意義はたしかにあるといえるだろう。

しかし、これには批判や疑問もある。たとえば、「お金をもらわなければ頑張れない人間をつくってどうするのか？」「学ぶことそのものの楽しさを見失うのでは？」といった、内発的動機付けへの影響や、主体性の欠落といったことが懸念される。また、そのときは成績が上がっても、お金が払われなくなるとその成績が低下するのであれば、費用対効果としては無意味なのではないか、という疑念もある。

こうした賛否両論が渦巻くなか、アメリカにおいて実験的にインセンティヴ制度が教育現場にも導入された。そうした試みのいくつかについて、行動経済学者ニーズィーとリストによる『その問題、経済学で解決できます。』（二〇一四）で紹介されているので、それをひろってみよう。[12]

まずは、ポジティヴな面についてであるが、成績がかなり低い子どもたちには確かな効果があった。あるプログラムでは、中学校三年次の参加者四〇〇人のうち、がけっぷちの生徒約五〇人は標準検定試験に合格し、プログラム終了後高校一年生になってもその成績は維持された。検定試験合格率はプログラム導入前よりも四〇％増大し、参加者のうちの約四〇人はプログラムを導入したからこそ卒業できたと述べていた。

ただ、この実験では現金をそのままボーナスのように渡すだけではなく、「宝くじ式」「表彰式風」「リムジンで家まで送る」といったプレミアム感とセットにして、ワクワク感やプライドを与えるようなやり方がなされていた（前掲書一〇八―一一一頁）。おそらくは、テストの点数に対し、単にお金を機械的に払ったりやめたり、というのではモチヴェーションがそのうち低下してしまうがゆえの工夫であったのだろう。

実際、本を読むたびにお金を払うというやり方はあまり成績には効果がなかった。もちろん、子どもの自己申告をそのまま受け入れてお金を払っても意味はないので、実験では、読んだ本の内容についてクイズを出してそれで八〇点をとったらお金を支払うことにしていた。その結果、生徒の読書量は実験前より三七％増えたが、試験の成績には変化がそこまでなかった（前掲書一二〇頁）。

もっとも、これをもってすぐさま失敗ということはできない。読書量が増えて読書習慣がついたり、学ぶこと・テストを受けることへの精神的ハードルがさがれば、その後の成長の余地は残されているからだ。ある程度の観察期間を経てからでないと結論はだしにくい。ただし、それをコントロール可能な状況下におけるような経済実験には途方もない手間とコストがかかるし、長期間であればあるほど、インセンティヴ以外の要素の影響も介入してくるので、その効果を正しく測るのはやはり難しい問題ともいえる。

内発的動機付け

大事なことはやはりお金の与え方であり、そのメッセージ性であろう。「学び」を単なる労働で忌むべき苦痛とし、その苦痛の対価としてお金を払うというメッセージを発するならば（そのようなメッセージとして子どもがそれを受け取るならば）、やはり、子どもの内発的動機付けは失われ、「仕方ないから、お金をもらっている間は勉強する」程度の理由しかもたなくなる。しかし、ニーズィーたちがやったように、目標点数をハードルととらえ、そこを超えたときに達成感を味わうための「おまけ」としてお金をそこにのせるのであれば、そこにやりがいや、達成した自分への誇りを感じつつ、学ぶことの楽しさや興奮を内面化できることもあるだろう。ただし、これはやり方を間違えると、その子どもたちの「学びの心」の発育を阻害し、「なにかをもらえなければ頑張れない大人」をつくりだすことにもなりかねない。つまり、お金というインセンティヴの効力を認めるにしても、それが全能であると過信することなく、「どういった子どもたちに」「どの時期に」「どの程度」「どういった条件で」「どのくらいのタームで」与えるべきかということはきちんと考慮する必要がある。

そもそも、こうした金銭的インセンティヴを導入する目的は、或る時点だけのスコア達成というような近視眼的なものではなく、その子が自律的な大人に成長するためのものであることを忘れてはならない。

人の生涯はある意味では「学び」の連続である。初等・中等教育ではさまざまな仕事に就く可能性を高めるように基礎的なものを広く学ぶし、高等教育機関では専門的なことを学ぶ。その後就職すると、その仕事のノウハウを学び、社会情勢や技術体系の変化に対応する形で新たなことを常に学び続ける。そうした生涯の学びのなかでは、必ずしも、「これだけ勉強をしたからこれだけお金をもらえる」ということが分かっているわけではない。しかし、学び続けなければならない状況もあるわけで、そうすると、勉学そのものに集中できるようなメンタルが必要となることもある。そのメンタルを身につけていれば、生涯をかけて学び続け成長もできるし、そうでなく学ぶのを苦痛に満ちた労働ととらえるならば、学ぶことをどこかでやめてしまうだろう。それは、結局のところ、生涯所得の差や、社会的地位や名声の差、充実感や幸福度の差となってくるかもしれない。

だからこそ、勉強そのものを楽しむ態度を身につけることがやはり重要なものといえるわけで、「お金というインセンティヴはそれを阻害しかねない」という懸念があるのも当然なのである。もちろん、勉強の面白さを知るうんぬん以前に学校に来ない子や、本に触れようともしない子には入り口的な役割として、「お金」が役に立つことにはちがいないし、それなりの効果があることも実証されてはいる。しかし、内発的動機付けを最初から或る程度持っている子どもたちには効果がなかったり、それが弱い子にはお金の導入が逆効果なこともある点では、使い方には気を付けなければならない。

だからこそ、ニーズィーたちが行ったように、その都度ごとの行動の報酬ではなく、課題の出来栄えとかテストの結果といった「ゴール」「目標達成」に対して支払う方がよいだろう。場合によっては現金よりもプレゼントといったものの方が、「勉強＝労働（苦役）⇓対価をその都度求める」といった考えに陥りにくくなるかもしれない。さらにいえば、「頑張ったね！」「おめでとう」などの称賛や祝福のメッセージを与える方が、「お金をもらったんだから、苦しい勉強をするのは当然でしょう」というよりも、より子どもにポジティヴな姿勢をもたらすだろう。

ただし、貧困かどうかは別として、学校という体制への批判的態度（たとえば不良文化）に染まっている子どもたちは、そのような「エサ」をぶら下げられるとよけいに反発することもあるだろう（「大人に踊らされるつもりはない！」というように）。お金の効力は認めるにしても、それは万能ではなく、相手次第によっては異なるメッセージを与えることもある。はっきりいえば、それは教育における補助役ではあっても、教育の主役とはなりえないのである。

学校教育におけるお金というインセンティヴの効果を認めるにしても、内発的動機付けがまったく生じないまま、子どもたちが大人になってしまっては、その子たち自身が困ることには違いない。実際、社会人になれば、特に追加的な報酬をもらうことはないがやらなければならないことはたくさんある。そこで「もらえないなら頑張る理由はないな」とばかりに頑張ることをやめるのは、当人およびその周囲の人たちにとっても困ることになる。その都度にわかりやすい報酬がなくとも、継続的に努力し、何事かを成すためには、やはり外的インセンティヴだけではない、本人自身の内面になんらかの動機・理由が存在している必要がある。そして、これはいきなり大人になってから芽生えるものでもなく、子どものうちから、努力や達成感の大切さ、そして、取り組む目の前の物事に集中する態度を身につけさせる必要がある。そのためには、学んだり努力するということが楽しいこと、達成感をもたらすものであることなどを学生時代に教える必要がある。

そしてその鍵を握っているのは、子どもを教える「教員」ということになるわけだが、昨今では、この教員の質を高めることが学校に、そして労働者である教員自身にも求められている。しかし、その在り方はかなり歪《いびつ》なものであるので、その問題についてみてみよう。

3　教師への金銭的インセンティヴ

そもそも、最低限の能力がない子どもにいくらお金を与えても、能力そのものは向上しない。因数分解がまったく身についていない生徒に、大学入試レベルの三次方程式で微積分を必要とする問題をきちんと解ければ一〇万円を進呈するという取引をもちかけたところで、努力はしても成果があがらないのは明白であろう。だとするならば、学校での教員の仕事とは、学問の面白さを教えつつ、学習内容をきちんと習得させ、ある程度の能力まで引き上げることにあるといえよう。

しかし、学校教員のすべてがそのような仕事をきちんとまっとうしているかといえば、世間的にはもはやそれは疑わしいものとなっているような印象がある。ひと昔前であれば、初等・中等教育の教員というのは尊敬の対象ではあったが、それをいいことに、その聖域のなかで、怠慢な授業や暴力的な指導、ひいては、セクハラ、横領といった事件を引き起こしていたことが明るみとなったいま、その威信はかなり失墜しているといってよい。大学においても、かつてはろくに授業をすることなく、休講ばかりで給料をもらっている教員もいたわけで、授業料を支払う側の学生（あるいはその保護者）に対する背信ともいえる行為が横行していたのは事実である。

むろん、現役の教員たちはそうした信用回復のために頑張っているのだが——頑張らせている管理側が実は信用を失墜させた世代であって、そのツケを若い世代たちが肩代わりしている不公平な構造もそこにはあるのだが——もはや学校は一つの企業として、クライアントである生徒・学生の満足度を高めることが或る種の「仕事」となっている。

教員は信徒を従える聖職者ではなく、教育する労働者であるので、その仕事の本義として、子どもたちへ学問の面白さを伝え、学習内容をきちんと習得させることは大事である。とはいえ、学校を一企業（会社）としてみるならば、ビジネスの現場同様に、教育現場に金銭的インセンティヴ制度を導入することで、教員のやる気とパフォーマンスを向上させ、子どもたちに高品質の教育を届けようとすることにも一定の「理」があるようにみえる。こうして、優れた教員を正当に評価しようというインセンティヴ制度が、職員室のなかにまで導入されようとしているし、実際に導入されたケースもある。

制度の導入の難しさ

先のニーズィーとリストの本にも紹介されているが[13]、シカゴの公立学校の教員一五〇人を対象に、三〇万円程度のボーナスをインセンティヴとして提示したところ、生徒たちの成績が四～六％の改善をみせたという結果もある（前掲書一二二―一二三頁）。さらにいえば、目標を達成できなければ、一旦手に入れたお金を返金するというやり方の方が特に効果があった。このやり方は、子どもたちにも効果があったもので、手に入ったものを失う恐怖から、より頑張ろうとするわけである。つまり、教員も人間である以上、子どもたちや普通のビジネスマンと同様、「アメとムチ」には左右されやすいし、だからこそインセンティヴの導入には一定の効果がある、ということが立証されたともいえる。

ただし、気を付けるべきは、教育現場である学校の仕事というものは、一部の「できる子」の成績をアップさせたり、有名校へと進学させたりするだけではなく、多岐にわたっているという点である。

或るテストを目標として設定し、その達成者である子どもに、そしてその優秀なサポート者である教員にお金を渡すこと自体は悪くはない。しかし、それができる子たちにはそもそもの素質と下地があったわけで、そうでない子どもたちを根気強く相手にしたり、不良学生の生活指導をしたりする教員だってなかにはいて、教育である以上それが重要である場面もある（実は私もそうした仕事に従事していたことがある）。目立たない、泥にまみれるかのような仕事をする教員には子どもの成績向上によるボーナス支給がなされず、子どもたちの成績を上げた教員へのボーナスをはずむというのであれば、それは、目立たない仕事をしていた教員たちのやる気を損ねることにもなりかねない不公平な取り扱いである。それに、暗記科目や数学科目にはすぐに効果がでるが、プレゼン能力や論文作成能力はすぐに伸びるものでもなく、科目間の不公平というものも教員の不満を醸成しかねない。

では、顧客満足度ということで、カスタマーである子どもたち（もしくは保護者）の評価によって、教員へボーナスが支払われるというのはどうだろうか。授業評価アンケートというものはＦＤ（Faculty Development）の一環として広く行われ、いくつかの大学では給与や人事評価と直結したケースもある。最近では、これを行う中学校や高校もあるようだが、しかし、このやり方も、いくつかの問題がある。

まず、教員も人間であり、生徒や学生からの人気や評価、そしてそれに伴う報酬も期待してしまう以上、本来の教育理念から逸脱するような安易な授業をしてしまう可能性がある。たとえば、楽をしたい子どもに対して簡単なテストを行ったり、なかには授業をろくにせずに楽しいビデオを流したり、あるいは居眠りをさせたりすることで高評価を得ようとする教員もでてくるだろう（そういう教員を大学・高専において実際にみたことがある）。

もちろん、これは評価する側の子どもたち次第であるので、意識の高い子ども・成績のよい子どもの評価を重視することで防げるかもしれない。しかし、ハイレベルな子どもたちだけの評価や意見・要望だけを集めるというのはこれも不公平である。というのも、それでは、成績が下の子どもたちを引き上げようとする教員の熱意や工夫がみえにくくなるからだ。しかし、全員にまんべんなく意見をもとめて評価してもらうとすれば、学習意欲が低い子どもや、講義の本質をそもそも理解しようとせず点数・単位を欲しがるだけの子どもたちまでもが評価側に回ることになる。それが教員の給与やボーナスを左右するというのであれば、巡り巡っては教育の質を低下させることになりうる。

それでは、全国一律的な検定テストの点数や合格者数など、客観的評価をもってそこに報酬を紐づけることで教員の授業の質を改善するよう動機付けるべきかといえば、そう簡単にはいかない。というのも、担当する子どもたちの成績がよければお金をもらえるのであれば、教員たちは「資質のある子」「最初からやる気のある子」を受け持ちたがるし、そうでない子どもを押し付け合う事態が生じるからである（これは、ボーナスというインセンティヴがなくとも、そもそも仕事の負担に関わる問題として実際の現場でも——私自身が体験したが——よくある話である）。たとえ条件を変えて「成績の向上率」ということにしても、「それならば最初は、やや成績が低めの子どもを受け持ちたい」となるだけである（そのフレームであれば、成績が低めの子どもの方が伸びしろがあり、成績向上・ボーナスアップにつながりやすいので）。

いずれにせよ、教員の能力や授業の質をフェアに測ることは難しいし、子どもとの相性もある。こうしたことが考慮され、現在では、昇格や給与に関係ない形で授業評価アンケートが教員向けフィードバックとして利用されるケースが多い。やはり大事なことは、教員自身が内発的動機付けとして向上心を持ち続けることだと思われる。

4　教育に対する不信と非公共化

昨今、教員に対する「やりがい搾取」の問題にスポットが当たっている。個々の子どもたちの学力を伸ばすだけでなく、全国模試の成績を平均以上にすることや、有名学校への進学率の向上、さらには、不良学生の学習態度・生活態度の矯正など多くの仕事が当然の義務とされている。

そして、その義務を果たすため、さらに別の義務として、土日の研究会や研修への参加をなかば強制されるケースもある。そもそも教員は部活の顧問や宿題チェックなどで日常業務が八時間を超えることはざらにあり、そのうえ「土日までも努力せよ」というのはあまりにも酷である。どうしてもそれが必要であるならきちんと報酬を払ったり、日常業務をいくらか軽減するべきであろう。

このように、教育の現場はかつてないほど忙しくなり、現場の教員がいくら自己研鑽しようとしても、その時間と余力がなくなっている。教育の品質保証、顧客に対するサービスを徹底させようと文科省や教育委員会は取り組んでいるが、そのやり方自体が、「不信のロジック」に基づくがゆえに、計画と報告を過剰なまでに義務付け、監視と管理を強化するやり方をした結果、教育現場が疲弊することになっているのだ。

もちろん、表向きは「お前らが信用できないから」と明言することはなく、「きちんとした教育とはきちんとした計画とそれに基づく実行であり、それを文書できちんと残すことが大事だ」という正論を説いているようであるが、その裏には、「無計画でがさつで信用ならない教育をするので、トップダウン的な官僚主義によって統制するしかない」という考えがある。しかし、教育現場は通常のお役所仕事以上に、柔軟性が必要な職場である。突発的な事故も起きるし、いまだ躾が済んでいないような子どもたちが悪さをすることもある。つまり、自己責任論で済むような大人相手のお仕事ではないので、事前の計画では想定していないことがしょっちゅう起きる。

管理主義的な教育現場

このような管理主義的な官僚主導の教育は、冷戦時代の共産圏の計画経済を彷彿とさせる。頭脳的役割を担う中央政府が、各現場に計画に従って成果をあげるよう通達するわけだが、その多くは現場を知らないために頓挫する。しかし、その責任は現場にあるとみなされ、制裁と監視、そしてさらなる義務が追加されることになる。この構造は大学においてもすでにみられる。

たとえば、国立大学法人等には、国立大学法人法により、第三一条の一では中期計画の策定とその認可を受けることや、第三一条の二では各事業年度の実績を評価されるよう定められている（中期計画の策定については、私立学校においても、私立学校法改正により二〇二〇年度から義務化された）。この計画策定や報告、認証評価のための資料づくりなどは膨大なものとなる。正直、これにかかると（わりと「暇でいいよな」と揶揄されがちな）大学教員ですら、本来集中すべき講義やゼミ、研究とは無関係な事務書類の作成に追われて、十分な教育や研究ができなくなってしまう。

しかし、こうした法令に違反したり、認証評価にとおらなかったりすると、大学としての水準を満たしていないとばかりに学校名を公表されたり、補助金カットなどのペナルティが科せられる。こうした官僚主義的な「監視」「処罰」のシステムは、これまでいい加減に授業や学校運営をおこなってきた旧時代の学校の在り方を変革し、ひいては教育の質を向上させ、学生にそのメリットを享受させるという名目ではあるのだが、裏を返せば、「現場への不信」からきている。不信を払拭《ふっしょく》するために透明性を求め、計画や証拠を常に要求し、それが、教育現場を締め付ける結果となっているのだ。

おそらく、管理する文科省としては、自分たちは従来の古い官僚主義にとらわれない、民間のような効率的なメソッドを導入していると言い張るだろう。建前上は「その場しのぎでいい加減な教育を撤廃し、効率的で顧客満足度を上げるような教育サービスを」とばかりに、ビジネスの現場におけるPDCAサイクル（Plan, Do, Check, Action）、すなわち、計画⇒実行⇒（報告後の）評価⇒改善というプロセスを教育現場に導入している体であるが、現場の教員は書類作成に追われ、本来の業務に注力できないというのが実情である。

そしてその余波は、生徒・学生たちにも及んでいる。教員側が授業準備のための十分な時間がとれず、会議や書類作成ばかりで生徒・学生たちと接することができなければ、それが生徒・学生にとってよいわけがないことなど自明なはずである。しかし、合理的で計画的な教育を標榜する文科省は、その責任は現場の教員側（あるいはそれを管理する学校長）にあるとするのみである。教育サービスに質的向上やその評価システムなどが有意義であるのはおおいに認めるし、それがあるからこそ学校の信用度というものが担保されているわけであるが、しかし、それはバランスを考えたものでなければならない。水準を高め、信用を得るための作業が、肝心の現場での教育に悪影響を与えるようではバランスに欠けているわけで、増やした分だけの仕事があれば、どこかで減らすという工夫もなされるべきであろう。

教育の公共性

さて、こうした「教員」の愚痴を聞いた人のなかには同情してくれる人もいる。他方で、「そんなの労働者として珍しい話ではない」とか、「好きで教員になったんでしょう？　給料がもっと低い仕事とかあるんだからそれはぜいたくだよ」とか、「土日も働けばいいんじゃない？　昔から教員ってそんなものだったんだから」という声を聞くこともある。教員はもはや聖職者ではなく労働者であり、自由意志によってその仕事を選んだのだから、必要があれば他の労働者と同じく苦労すべきだし、嫌なら辞めて転職すべき、といった自由市場的な捉え方がなされるのも珍しくはない。なかには子どもを学校に預ける保護者ですらそういうことを平気で口にする人もいる。

こうした、教育現場で働く教員とそれ以外の人々との意識のギャップは、「教育」というものがすでに非公共化され、学校教育が一つの企業ビジネスのように位置づけられている証のように思える。

しかし、教育は公共のものでなければならない理由があることを忘れてはならない。

まず、現状の偏差値至上主義や学歴偏重主義のもとでは、中学・高校が仮に企業化してしまった場合、少なからず採算をとろうと、保護者の希望する有名大学に合格させた実績のあるところの授業料が高額化するケースもある。すでにいくつかの有名私立中学・高校ではその傾向も見受けられる。

公立学校を含むすべての学校がその競争に巻き込まれてしまうと、困るのは中間層・低所得者層である。せっかくの日本本来の高水準な平等主義的教育システムが、自由市場化のもと業績主義に侵されてしまうと、学歴差別や所得格差が今以上に広がり、前述のサンデルの懸念のように、社会的分断が広まってしまうことは避けられない。中間層・低所得者層の子どもでも、希望の学校になるべく進学できるようにするためには、納める授業料の多寡にかかわらず、各学校にそれなりのスタッフと教育が用意されている必要がある。しかし、あまりにも教員が多忙であり、ろくに授業準備もできないまま成果だけを求められ、「嫌ならやめろ。その職に就いたのは自己責任だろ」といわれるようでは、優れた人は教員以外の就職先を選ぼうとするであろう。その結果、高額報酬を約束された成果主義の学校に優れた教員が集まりはするが、そこに通ってきちんとした教育を受けられるのは富裕層の子どものみで、教育格差はひどく拡大することになるだろう。

もちろん、かつてのように学校を聖域とし、教員を聖職者と崇めるあまり、当の教員の愚行・蛮行を野放しにするようなことはあってはならない。過剰な権威づけは不要であるし、教員はその他大勢の社会人と同様の「ただの人」にすぎない。ただし、そのただの人たちが従事しているのは、ただの金稼ぎの仕事ではない。誰かの子どもを、ひいては社会の担い手を育てているのである。だからこそ、教員は単にお勉強を教えるだけでなく、学習態度や生活態度も指導し、知識と意欲をもった人間へと育てるべく頑張っているわけである。しかし、限られた環境と時間だけではどうにもならず、なかなか成果がでないこともある。保護者のなかには「教育をきちんとするのが学校なのに、なにやってるの！」と失望や怒りをおぼえる人もいるだろう。

ここで大事なのは、保護者や教員は職場で仕事をしているが、子どもは仕事をしに学校にいっているわけではない、という点である。子どもはいろいろ学びながら育っている最中であり、学校教育のもとで育っているのはもちろんであるが、家に帰って、保護者や家族と触れ合うときも育っているのである。教育機関としての学校が受け持つのは、そうした「学び」「育ち」のうちの一部分であって、それ以外は別のところがカバーしなくてはならない。

だからこそ、学校の手が届かないところでは、保護者たちも「教育」という公共のプロジェクトに参加する一員として、子どもたちの学びに手を貸す必要がある。もちろん、家庭の事情ゆえにそれがなかなかできないケースもあるので、そのときは、それをサポートする体制や支援策を行政側で準備する必要がある。ただし、そのサポートは、あくまで学校の外側の話であって、その役割と責任を学校の教員にまでまわすのであれば、それは教員という職についた一市民への労働の強要となってしまう。それに、もしそれを教員側が許容したとしても、常に学校側に監視されているような息苦しさに子どもが包まれるという点で、それは子どもたちの負担にもなりうる。

そうであるにもかかわらず、教員に対して、「あんた方は自分の給料のためにその仕事やってんでしょ。甘えるんじゃないよ。先生のくせに」と言い放つ人たちがいる。教育の公共性を見失っているがゆえに、そうした人たちは教育というものをサービスとしてのみとらえ、学校を非公共的な、利益追求型の企業へと変えてしまうような風潮に与《くみ》しているといえる。それは、今現在アメリカが陥っている業績主義（メリトクラシー）を蔓延《はびこ》らせ、最終的にはアメリカ同様の社会的分断を生じさせることだろう。高額報酬をもらえるようなものすごく有能な教員や、そうした教員をそろえた限られたエリート校により、手厚い教育サービスを受けて社会的優位にたつことができた（元）子どもは、保護者の投資と自らの努力ゆえにそのポジションについたことを誇る。他方で、自分以下とみなす他人に対しては「それはあなたの努力不足だね」とか「あなたの親はあなたのためにもっとお金をつぎ込むべきだったのに」といった冷淡な態度をとりがちとなり、自身が親になったときに同じような価値観の子どもを生み出すサイクルにはまり込むであろう。そして、それ以外の子どもたちやその保護者は、「自分たちが受験に負けたのは、ろくなサービスを与えない学校のせいだ」と学校教育を恨み、「学校の先生たちが苦しもうと知ったこっちゃない」といって学校現場の問題改善に自発的に取り組もうとせず、やはり、自分たちと同じような人たちを再生産するサイクルにはまり込むだろう。「高学歴／低学歴」「高所得／低所得」といった格差が社会的分断を生み出し、公共の問題を共通の関心事としないまま、バラバラな政治的意向を生み出すことが懸念されてきてはいるが、その背景には、こうした「教育」の企業化・非公共化というものがあるように思える。

第2章　偏差値は高ければ高いほどよいのか
――大学への無理解

1　大学についての誤解と偏見

誤解されがちなことであるが、大学教員というのは学生相手の講義やゼミだけをこなせばよいというわけではない。前期授業期間が終わって学生が夏休みに入る時期、行きつけの居酒屋に行ってビールを頼むと、「先生も夏休みですか、ゆっくりしてて、いいですねえ」とよく言われるが、そんなことはないわけで、実は結構忙しかったりする。成績入力はもちろんのこと、学内の諸会議[14]、夏のオープンキャンパスの準備や秋からはじまる入試の準備、ゼミ合宿の準備、後期授業の準備、学会出張などのホテルや航空券の予約、旅費申請書や物品購入申請書の作成・提出、出張後の報告書の作成・提出、外部研究費獲得のための申請書類の作成、などやることは山積みである。これを話すと、「でも、教授なんだから秘書さんがいるんでしょ？」と返されたりもするが、他の人はともかく、私にそのような人がついたことはこれまで一度もないし、これからもないであろう。[15]

前述のものに加え、多くの大学教員が行っているであろう大事な仕事に「研究」というものがある。もちろん、たんに研究をするだけでなく、アウトプットとして、その内容を学会などで報告したり、論文や本の執筆もある。勤務先や立場によっては研究の一定のアウトプットが義務となっていることもある。忘れられがちなことであるが、一応のところ、「大学」とは——それ以外の研究所と同様に——研究機関である。もう少し正確にいえば、学校教育法が定めるところの「深く専門の学芸を教授研究」するところであるので（第八三条の一）、それは、研究機関であると同時に、研究から得た知見を、学生に教え授ける高等教育機関でもある。[16]

つまり、大学に学びに来る学生は、大学教員の専門研究の学術的知見を学びにきているのである。そして、すべての大学には、それなりの審査を経て採用された学術研究のエキスパートである教員が存在しているわけで、[17]だからこそ、日本全国どこの大学を卒業しても、大学卒という学歴を手に入れることができる。この「学歴」については、世間では、入試偏差値の高い有名大学の「格」「グレード」を意味すると考えられがちであるが、それは誤解である。

そもそも、大学という組織・システムそれ自体が——いわゆる学業上の経歴としての——「学歴」の一つにすぎず、その意味では、小学校も立派な学歴である。もちろん、就職活動において重視されがちな学歴といえば、やはり（四年制の）大学卒業であるのだが、認証で「適合」と評価を受けている各大学は質的保証がされているので、個々の大学の間に学歴の高い・低いなどはない（すべては「大学」という学歴である）。そして、大学の学士より高い学位は大学院の「修士」とさらに「博士」しかない。つまり、個々の大学の間に、グレードや学歴の違いなどはないのである。

昨今では有名大学に限らず、ほとんどの大学において、博士号持ちの教員もそれなりにいるので、どの大学で学ぼうが、学術研究のスペシャリストの研究成果や知見を学ぶことができる。だからこそ、そうしたスペシャリストのもとで学んだ学生は、そうでない人よりも多くの読解力・リサーチ力・構成力・文章作成能力・プレゼン力をもっているとみなされ、企業はその応用可能性・発展可能性を見込んでそうした学生を「大学卒」という枠で採用しようというわけである。そして学生の側としては、そうした採用人事の目に留まるよう、大学での勉学に励み、より良い成績を修めて卒業しようとする。

しかし、これは世間的には建前にすぎない。実際、世間で信じられているのは、「難関大学＝よい大学」「難関大学に入った学生＝よい人材」という——大学教育のもとでの飛躍的な伸びしろをはじめから否定しているかのような——入試偏差値至上主義に基づく、有名大学至上主義である。だからこそ、ある保護者たちは、「そんな成績だったらいい大学に入れないよ。ろくなとこに就職もできず、人生失敗するよ」と子どもを脅しながら、勉強するように言い聞かせ、高いお金を払って塾などにゆかせて入試対策をさせる。そうした保護者たちにとって、よい中学校とは、入試偏差値の高い高校(すなわち、難関大学を狙う生徒が多く集まっている学校)へと生徒を輩出する中学校であり、そして、よい高校とは、入試偏差値の高い大学に生徒をたくさん輩出する高校のことである。そして、入試テストの偏差値が高い難関大学に入ったあとは、優良大企業が優先的に面接までは進めてくれる「学歴フィルター」があるので安心というわけである。

東大や京大といった旧帝大や、早稲田や慶應といった有名私大に入れば、学歴フィルターに加えて学閥的なコネも手伝い、より良い就職が可能であると一般には考えられている。こうした「常識」のもと――そして残念ながら、すべてではないにせよ、この「常識」が機能するケースもあるため――高校生は大学受験に必死になって挑み、難関とされる有名大学を目指すわけである。

2　学歴フィルター問題

正直なところ、私は大学入試における偏差値至上主義や有名大学至上主義が好きではない。そこには、そもそも錯誤があるし、単なる間違い以上の醜さもあるからである。

まず、「有名大学は、それ以外の大学よりも学歴が高い」という考え方自体、大学というものの意義を理解していないし、「学歴」の意味をはき違えている。また、同様の間違いをしているマスコミや予備校、進学塾の恣意的なランク付けに基づいた「よい大学＝入試偏差値の高い大学」と思わせるランキングは、子どもや保護者をまどわせ、より良い選択をすることを妨げている。

というのも、「よい大学」とは、それなりのスタッフ・施設がそろい、きちんとした研究・教育がなされているところであって、大学の授業やスタッフの専門性をよく知らない人たちがつくったランキングにそれが反映されているわけではないからである。そもそも、認証評価をきちんと通っている各大学のスタッフ・教員の能力にそこまでの差があるわけではない。一大学の教員である私になんでそんなことが分かるのかと思う人もいるかもしれないが、さまざまな大学の――もちろん有名大学もそこに含まれるわけであるが――教員が専門家として集まる学会や研究会に参加し、専門分野の論文を読んでいれば、そこで活躍されている研究者の文章力やプレゼン能力、研究の新規性などはすぐに分かる。実際、学会において興味深い（そして分かりやすい）研究報告をしたり、素晴らしい論文を執筆し、それが学術誌に掲載された研究者で有名大学以外の人はたくさんいる[18]。大学にはそれぞれ学術研究のスペシャリストが研究者として所属しているわけで、そこに明らかな優劣差をつけることなどできはしない。もし違いがあるとすれば、それぞれの大学にはそれぞれ得意分野の異なるスペシャリストがいるぐらいである。

入試における偏差値至上主義には、大学入学をゴールとみなし、その時点での入試偏差値（の元となる入試問題正解率）をそのまま「その人の知的レベル」とみなす傾向が見受けられるが、その認識は歪んだものである。たかだか一八〜一九歳時点でのテストの出来栄えが、その人の能力すべてを確定的な形で示すわけがない。大学入学後は、中学・高校では習わなかった専門的なことをいろいろ学ぶし、それまでほとんど経験したことのない学術的な作法のもと、卒業論文や卒業研究に携わるわけで、そこでは自身で問いを立て、新たな知見を示すというクリエイティヴな作業が求められる。もし、大学入学時点で勉強しなくなった人と、大学卒業まできちんと勉強した人を比較すれば、明らかに後者に分があるわけで、だからこそ、大学を卒業した人をそうでない人よりも採用しようとする企業は多い。このことは、大学教育における伸びしろを前提としなければそもそも成り立たない話である。

もちろん、入試偏差値が高い有名大学に入学した学生は、そうでない学生よりも学問的な基礎能力が平均的には高いことが予想される。その伸びしろ分を考慮すれば、「やはり有名大学を卒業する学生は優秀であろう」という推論にはそれなりの説得力がありそうである。就活時の「学歴フィルター」を擁護する人は、とりわけこの推論を妥当なものと力説するであろう。しかし、説得力がそれなりにありそうだからといってそのすべてが妥当であるわけではない。というのは、この推論の前提部分である「入試偏差値の高い大学に入学した学生は、そうでない学生よりも基礎能力が高い」というのが、あやふやなものだからである。

中学校・高校のおよそ六年間は、さまざまなことを経験できる時期である。受験勉強だけでなく、音楽、映画鑑賞、部活動、恋愛、友達づきあいなどのどこにどれだけ時間やエネルギーを費やすかは人それぞれである。部活動を一生懸命頑張って、それが終わって受験勉強に取り組んだ生徒は、たしかに受験勉強だけを必死に頑張ってきた生徒と比べると入試で遅れをとることはあるだろうが、それがそのまま本人の学問的基礎能力が低いことを意味するわけではない。もちろん、或る程度の基礎能力をもっていなければ大学での学びについてゆきにくいが、或る程度以上をもっていればいくらでも大学時代に逆転は可能である。とりわけ、教員との距離も近く、少人数で行うゼミに参加することでガラッと変わる学生も多い。

この可能性をまるごと捨象し、一八～一九歳時点での入学偏差値ばかりに固執する入試偏差値至上主義や、いまだに時代遅れの学歴フィルターを用いる企業や、それをよしとする人たちは、「人間の成長の可能性」というものを軽視している点で不合理であるし、大学入学後に頑張った個々人の努力を「でも、あの大学なんでしょう？」とばかりにあざ笑うかのような醜悪さに満ちている。

ときどき、「最近の大学というのは数が多すぎて、偏差値の低いろくでもない大学が増えた」とか、

「自分のところの大学を馬鹿にされたくないなら、大学は入学者の偏差値をあげるよう頑張ればよいだけでしょ」と言いたがる人がいる。こうした考え方が世間に蔓延し、企業までもがそれに取りつかれてしまっているとすれば、それは社会的な害悪を招きかねない。

というのも、偏差値至上主義や有名大学至上主義が就職活動にまで影響する場合、受験生やその保護者もその偏見を前提としたうえでそれに対処しようと考え、その流れに乗らざるを得なくなってしまうからである。そして予備校はそれをビジネスチャンスととらえ、「うちに入れば、入試偏差値の高い有名大学への進学も可能ですよ」と広告をだす。さて、ここにおいて大学間の公平な競争が可能であろうか。

本当に大学間できちんと競争すべきというのであれば、世間がそのような偏見を捨て、マスコミや予備校が主導するランキング操作も一切やめ、そのうえで各大学が自分のところの魅力をアピールしつつ勝負すべきであろう。

実際、さまざまな大学がそれを試みているわけであるが、偏見に満ちた大学ランキングとそれに乗っかった受験産業、大学名だけで就活学生をとりたがろうとする企業が跋扈《ばっこ》しているせいで、そうした大学の努力が埋もれてしまっている現状がある。こうした現状のまま、「見下されている大学も、ほれ、頑張れ！　世の中は競争なんだから。甘えているんじゃないよ」とばかりに煽るのは、不公平さを醸成する差別意識に凝り固まったまま、表面上は公平な競争を推奨するかのような、矛盾した態度である。

企業の採用にみうける問題点

とはいえ、こうした醜悪な偏見がいまだに世の中に残り、それがまかりとおっているからこそ、多くの高校生やその保護者は、就活の荒波を乗り切るためのパスポートである「有名大学卒」の学歴を欲する現状がある。

こうした状況では、「〇〇大学卒」は一種の社会的シグナルとして機能しやすい。頑張って能力や素養が向上したかどうかは学生本人にしか分からないとして、新卒学生を戦力として採用する企業側は、学生側が発するそうしたシグナルをあてにする。しかし、そのシグナルはおよそ四年近く前のシグナルであり、四年も経てば人は十分変わるのが当たり前の話である（たとえば、企業において四年働いた社員が、入社時とまったく変わらないなどということがあるだろうか）。だとするならば、企業が就活学生に対してなすべきことは、大学でその学生がどのように伸びたのかを測ることであって、偏見にまみれ、四年前のシグナルをそのまま真に受けるような愚をおかすことではないだろう。

学歴フィルターの存在を隠しながら、表向きは「誰でもウェルカムです」とばかりに振舞う企業（およびそれに荷担する就職情報関連の会社）というのは、不合理なだけでなく倫理に反しているので、すぐにそれを改めるべきである。そうした欺瞞《ぎまん》的な振舞いは、多くの就活学生の時間と労力を無駄使いさせている点で加害的である。もちろん、それを使う使わないは個々の企業の自由であるので、堂々と「うちは有名大学のみをとおす学歴フィルターを使っています。フィルターにとおらなさそうな大学の人は諦めて、そのエネルギーを他のところに向けてください」といえばよいだけの話である。それをいえないのは、入試偏差値至上主義に基づいたそのフィルターが、偏見まみれでよくないものであることを自覚しているからであろう。

それと、これは私の予想であるが、もしそうしたフィルター使用を堂々と公言する企業があるとすれば、そこに押しかける就活学生の多くは、その企業が求めている人材ではなくなってゆくだろう。というのも、有名大学に入ったことで安心して、真剣に自身を高めようとしなかった学生たちにとっては、すべての人において対等な条件のもとさまざまな——大学入学後に努力してきたであろう——学生たちと競争するよりも、そうしたフィルターを利用する方が就職しやすいからである（なんせ、それは怠けていた自分たちへの優遇措置であるので）。すると、そこで押しかけてくるのは、入学当時が能力のピークであった有名大学の学生たちということになる。

それに、もし表向きは隠しながらも、公然の秘密としてそれが使用され、そこで受かった（およそ四年前がピークであった）新入社員が、母校の後輩に「ここは学歴フィルターがあるから大丈夫だよ！」とアドバイスをし、次第に同類の社員ばかりが占めるようになるとしたらどうであろうか。怠慢とコネが当たり前のようになり、「誰かがなんとかしてくれるさ」という風潮が社内に蔓延することになるだろう。もしかすると、すでにそうなりつつある企業もいくつかあるかもしれない。そうであるとすれば、いまこそ本格的な改革が必要な時期といえるのではないだろうか。

3　偏差値至上主義の誤り

ここまでは、学歴の高・低を「入試偏差値の高い大学かそうでないか」と読み替えることで、偏見と差別の温床となった偏差値至上主義について論じてきた。ただし、だからといって、「学歴なんて無意味だ」と主張しているわけではないことをここで伝えておきたい。

さまざまな分野において何かを成し遂げるには、或る程度の学びが必要になるのは端的な事実である。そして、長く学問に従事するからこそスペシャリストになれるケースもある。たとえば、大学が教員を公募し、そこに集まってきた候補者のなかから採用者を選ぶ場合にも、大学院の博士課程まで進み、博士論文を執筆し、試問を経て博士号を取得しているかどうかは——つまり、博士課程という「学歴」があるかどうかは——能力の目安として一つの判断材料となっている（もちろん、博士号とは別に、特別なスキルをもっている人や実務家も教員となることができるので目安は一つではないが）。

ほかにも、私がかつて勤めていた五年制の工業高等専門学校（通称「高専」）では、高校一年次の時点から、大学一年生と同様の専門内容を（段階的にではあるが）たたきこまれ、卒業年度の五年次（大学二年生に相当）には大学三年生以上の専門知識と技能を身につけている。このため、地元のみならず、都市圏の大企業からもその活躍が期待される「学歴もち」であり、この学歴が無意味ということなどは決してない。

しかし、これは「学歴がすべて」と言っているわけでもない。重要なのは「学び」である。そのなかには「高校や大学、専門学校での学び」が含まれてはいるが、同時に、「現場で学ぶ」とか「独学で学ぶ」なども含まれている、という点が重要なのである。だからこそ、学校だけで学ぶ「学歴」のみに価値があり、それ以外の学びが無価値などということは決してないし、そのように考えてしまいがちな人は、「学び」や「知っている」についての偏見というものを抱えているのである。

たとえば、大学にいかなくても、高校で学びつつ、もしくは、社会人になって独学しつつ、簿記検定試験をうけて資格を得てそれを活用する人や、現場でエンジンの組み立てや塗装のスキルを身につけて仕事で活躍する人も大勢いる。大学にゆかずして、いち早く社会人になったとしても、それはいち早く現場に慣れることができるわけで、現場経験の豊富さの点では大学新卒者よりもそのスキルははるかに高い。

私は大学院までいって博士号をもっているが、それ以外にもっているのは運転免許証のみで、その他の資格は何ももっていない。[19] なので、簿記のことは何も分からないし、エンジンがどうやって動いているのかさえよく分かっていない。それに、大学院に進学していなくとも私よりも英語が喋れる人は世の中にたくさんいるし、プログラミングなどは、そこらの大学生の方が、私よりもはるかに詳しいであろう。一生懸命に学んでいる人、そして、知の担い手は世の中にたくさんいる。

知の種類

そもそも、「知」にはいろんな種類がある。古代ギリシアの哲学者アリストテレスは卓越的な在り方である「徳」を、「性格的（倫理的）徳」と「知性的徳」の二種類に分けたが、後者に関連する「知」というものはそこまで単純なものではなく、少なくとも以下の種類があると『ニコマコス倫理学』[20] 第六巻第三章で述べている。

・技術知（テクネー）：物を制作するときに必要な理をそなえている知識。
・学知（エピステーメー）：論証を通じて普遍的に正しいとされる学術的知識。
・知慮（フロネーシス）：より良き状態や幸福を実現するための実践的知識。
・智慧（ソフィア）：人類が求めるところの根源的な真理。叡智ともいうべきもの。[21]
・直知（ヌース）：感覚を超越し、直観的に識別・把握されるところの真理、もしくはそのための知的能力（理性）。

大学や高等専門学校でおもに学ぶのは、多くの時代・経験を通じて論証されながら生き残ってきた二番目の「学知」といえるだろう。これはたしかに、主観的な思い込みや個人的経験を超えて、広く通用する重要な知識であるし、なにより先人たちの遺産として、そして、将来世代へと受け継ぐべき価値あるものである。

しかし、世の中はそれだけで動いているわけではない。学知を学ぶ学校の外側において、それぞれがそれぞれの経験を積み重ねながら磨いてきた知識や知見というものが世の中を回しているのは事実である。大学や専門学校で学ぶ学術的知識も、もともとはそこで得られたものを材料としながら、偏見や偶然性を捨象し、残された正しいものを体系化することで形となったものも多い。そして、そこでの学術的知見を世間へフィードバックすることで、新たな技術が生まれ、現場でさらなる技術知や実践知の獲得が可能となるといった知識間の相互作用がある。こうした「知」の普及のもと、知慮（思慮）をもった理知的な人たちは、自身が直面するそれぞれのケースにおいて、状況を正しく把握し、それぞれ適した知識をうまく使って——そして直知（ヌース）も使用しながら——自身を、そして世の中を幸福な状態へといたらしめるのである。

以上のことからも分かるように、「有名大学こそが知の拠点だ」とか「偏差値の高い場所で教育を受けた人こそが思慮深い人なのだ」という考え方は、基本的に「知」の、そしてその担い手の多様性というものを捨象した、偏見まみれの思想ということである。しかし、この偏見が世の中でまかりとおり、あらゆるところで分断を引き起こしているという看過できない事実がある。

第3章　大学は無料にすべきか――学歴偏重社会と反知性主義

1　見えにくいが、たしかにある分断

サンデルは二〇二〇年の著書『実力も運のうち――能力主義は正義か？』（日本語訳版は二〇二一年）[22]において、アメリカにおける学歴偏重主義に基づくメリトクラシー（業績主義・功績主義）のもと、低学歴の人が――目に見えにくい形でいつのまにか――差別されていることに警鐘を鳴らしている。ここでは、この文脈にそって、学歴と格差の問題を考えてみたい。

これは日本にも共通する話であるが、高い学歴、とりわけ有名大学を卒業した経歴をもつ人たちは、そうでない人たちよりも生涯賃金が高い傾向にある（もちろん、これは「傾向」であるので当然、例外も存在するが）。だからこそ、「努力しましょう」「頑張りましょう」を合言葉に、親も子どもも一緒になって、高学歴を目指そうとする。

その風潮のもと、成功者たちは、「自分たちは頑張った人で、そうでない人は貧しくても自業自得だ」とか「貧しくなるのが嫌なら、頑張って高学歴になればよかっただけでしょ」といった自己責任論の信奉者となり、自分たちと異なる低学歴の人たちに対して冷淡な態度をとりがちとなる。手にし

ているメリット（業績・功績）は自らの能力と努力の証《あかし》であり、手にしていない人たちは「そういう人たちだった」ということで、アメリカ的な自由主義のもと、どんな状況にどんな人がいようが、それは個々人の生き方の問題、ということになる。

このようにメリトクラシーには、多分に自己奉仕バイアスが入り込みやすい。自己奉仕バイアスとは、物事が失敗した場合は自分以外の誰かや何かにその原因があると考える一方、成功した場合には自分の頑張りや能力にその原因があると考える、評価や功績認定の偏りである。これが自分と他人との関係になると、「自分の成功は自分の手柄であるが自分の失敗は周囲のせい」と思い込む一方、「他人の成功は運や環境に恵まれていただけで、他人の失敗は自己責任」と思い込んでしまう。こうした認知的傾向のもと、成功した人間は、そうでない他人を見下し、それを当たり前と思ってしまうのである。自由主義と個人主義のもとでは、たとえ、運や環境に恵まれて成功していようと、それに無頓着なまま、「自分は、成功していない人たちよりも頑張ったからな！　まあ能力もあるんだけど」といった高慢な意識をもつようになる。

こうした意識は、社会階級的な差別意識につながる。公共の問題として対応すべき低賃金労働者たちの貧困や健康被害などに対し、「その仕事を選んだのも自分自身なんだから仕方ないよね」と人々に認識させてしまうこともしばしばある。実際、アメリカにおいては、個人主義的な社会観・政治観のもとそうしたメリトクラシーが一般的なものとなり、その結果、教育・医療などに関する格差が放置されてきた。

最近のものでいえば、コロナウイルスのパンデミック時において、アメリカではそれは如実に死亡率の差となってあらわれている。人種別の死亡率でいえば、ラテンアメリカ系住民の死亡率は白人系アメリカ人よりも二二％高く、また、黒人系アメリカ人の死亡率は、白人系アメリカ人よりも四〇％高かったが（前掲書二二頁）[23]、これは、人種別の大学進学率の傾向とマッチするものであるし、また、それに対応した職業別の死亡率と対応しているとサンデルは示唆する。

つまり、高学歴でない人たちは、電子機器を使用したリモートワークなどができにくい肉体労働や、長時間他人と接することが当たり前であるような「感染リスクの高い仕事」に従事しており、その結果、そうした人たちが多く感染して死亡しやすくなった、ということである。

もちろん、高学歴層や高所得者層のなかにもこうした格差に反対し、低所得者層に対する同情的な人もいるので——日本でもそうであるが、アメリカの高学歴層においては人権擁護を訴えるリベラル派はそれなりに多いので——、「それは政治の仕事だ」「政治はもっと弱者を保護しろ」という世論が形成されたりもする。しかし、個人主義・自由主義である以上、「いや、それは雇っている企業の問題だから」とか「もっと待遇のいいところに転職すればよいでしょ」というように、自由市場における個々の選択の問題のように扱われることが多い。

しかし、問題は、そもそも健康や生命に関わるそうした格差的状況が同じ社会で暮らす人々の間に存在していることであり、そのなかで高学歴な高所得者層とその仲間だけが安全に暮らしているという事実である。そしてそれが問題視されながら、決して解決されることなく放置されている背景には、どこかで「だってそれは自業自得でしょ」というメリトクラシー的な風潮が存在する、というのがサンデルの見解である。

こうした状況では、我が子が社会的な不利を被らないように大人たちはますます必死になる。社会にでるまえに高学歴を手に入れるよう——そして与えることができる資産や環境に恵まれた保護者は——自身の子どもに必死に呼びかけ、なかには有名大学に入学させ、そこでの学位を取得させようとするあまりに、ときに不正な手段に手を染める保護者さえ存在する。

有名大学へのそうした苛烈な入学競争の背景には、我が子を有名大学に入らせてより良い生活をさせたいという保護者の健全な願望だけでなく、学歴偏重主義のもと「より高い学歴をもっているという自信と威信」を手に入れさせようとする歪んだ願望がある、とサンデルは指摘する（前掲書二六頁）。というのも、子どもに裕福な暮らしをさせるのであれば、お金を子どもに残すための信託ファンドに注力してもよいはずであるが、そうではなく、「有名大学に入らせなければならない」と固執するのは、アメリカ社会に蔓延る学歴偏重・偏差値至上主義のなかで「きちんとした人」として生きるための証明書を手に入れようとしていることを意味しているからである。

しかし、傾向としては、競争率の高い有名大学への進学を成し遂げられるのは、十分な準備と時間、そして資金力がある家庭であって、それは社会的なアッパークラスの家庭で育った運のよい子どもが多い。最近ではペーパーテストの成績以外に、課外活動やボランティアなどの体験・経験を重視する入試も増えてきているが、資金力のある家庭であればあるほどそうした体験・経験をする機会に恵まれているので、格差が解消されるどころか拡大する傾向すらある。

そうした状況に対し、「なんだかんだいって、入試テストのみに頼るのがフェアな競争だ」という意見もあるが、俯瞰的にみればやはり入試テスト制度も家庭の資金力に基づく格差の影響を受けていることは否めない。もちろん、逆境に挫けず、不利なところから這い上がった人もいるが、その場合でさえ、財政事情とは別の、何らかの環境的要因が大きかったのかもしれない（不遇な環境から這い上がることができた努力はその人自身の美点として認めるとしても）。

もちろん、富裕層の子どもたちであっても必死に頑張るし、それなりにライバルはいる。しかし、必死に努力した結果手に入れた功績は「自身の努力の成果」とみなされるので――富裕層における競争という観点ではそうであるのだろうが――その子どもたちはその成果にプライドをもつことになる。そのような過程のなか、そうした子どもたちは次第に自己責任論や能力主義という信仰に染まり、自身がもつ功績（メリット）を手に入れられなかったすべての他者を「自業自得な人」とみなすようになる。サンデルはこの点にも警鐘を鳴らす。

　これは、若者にとって重荷であるだけでなく、市民感情をむしばむものでもある。われわれは自分自身を自力でつくりあげるのだし、自分のことは自分でできるという考え方が強くなればなるほど、感謝の気持ちや謙虚さを身につけるのはますます難しくなるからだ。こういった感情を抜きにして、共通善に配慮するのは難しい（前掲書二七頁）

難しいのは、こうした市民間の分断を解消するのに、民主主義のもとでの政治には頼りにくいということである。というのも、政治がそうした分断解消のため、市民の価値観を取り締まるとすれば、それは市民的自由への侵害となりかねないからである。政治は市井の問題を取り扱うにしても、市井の価値観にまで介入してよいわけではないし、むしろ、市井の価値観から影響を受けながら政治は権力をともなう形で成立するものである。だからこそ、市井の価値観や共生意識が分断されていれば、それに伴う形で政治も分断されてしまうわけで、それが昨今のアメリカの分断・対立を示しているともいえる。そして、私が思うに、日本でも同様のことが次第に進行しつつあるようであり、我々は再度、公共というものについて思いを巡らす必要がある。

2　エリートしぐさと反知性主義

世間に蔓延る学歴偏重主義やメリトクラシーは、次第に能力主義へと姿を変えて、「能力のある人＝社会的に正しいことを言う人」「能力のない人＝社会的に正しいことを言えない人」というようなヒエラルキー的偏見を生み出してゆく。そしてそれは、ときに政治的エリートと庶民との分断を生み、さらなる政治的混迷の原因となる。

政治家は市民ができないことを実現するよう期待されている。そうした期待を背負って当選する以上、ふつうの市民以上の知性が期待されているという点も否めない。政治家のなかには高学歴者も珍しくはなく、それを誇らしげに——おそらくは、世間の信用を得るために——アピールする人もいる。さすがにおおっぴらに学歴自慢をする人はあまりいないものの、「頭の良さ」「物知りであること」をアピールし、自分を頼りになる存在のようにみせる一方、そうでない同業者を小馬鹿にしたり、ささいなミス（漢字の読み間違えや、英語の発音の悪さなど）をあげつらったりすることは珍しくない。

これは、高学歴層にみられがちな、いわゆる「エリートしぐさ」である。そうしたしぐさは世間一般に蔓延っており、他人が知らないことを小馬鹿にしたり、「それでは〇〇として失格だね」とか「もっと勉強してくださいね」といわんばかりの態度をとる人もいる。

こうしたしぐさをしがちな人たちのなかには、公共の関心事について、意見の異なる他者を黙らせたがる人もいる。また、そうした知的エリート層の言説を利用することで、自分たちの政治的スタンスを合理的・知性的であると標榜し、対立する派閥のそれを非合理的・感情的と揶揄し、ときに、「こんなことも知らないで、いろいろ語らないでほしいよね」と言い放つことさえある。

しかし、そうした知的エリートやその支持者、さらには彼らが支持する政治家や政党から小馬鹿にされ、「黙ってろ」とか「勉強してから発言しろ」と言われる側の人たちはどう思うだろうか。それは想像に難くないだろう。「頭よさげに威張りやがって」とか、「庶民のことを小馬鹿にしているだろ」といって、そうした人たちを「庶民の敵」とみなしたり、敵視したりするようになるだろう。そして、そうした「敵」と反対の政治的意向をもった政治家・政党を支援するようになり、対立的で排他的な政治的分断ができあがるわけである。日本やアメリカをはじめ、欧州においてもポピュリズム政党やナショナリズム政党が勢力を拡大しつつある背景には、学歴偏重主義やエリート主義への反感・嫌悪があり、それが知的権威を誇るリベラル勢力とそれ以外との激しい対立と罵り合いとなっているようにもみえる。[24]

ここには、知識人や知的エリートの理論・言説への懸念・反感をともなう「反知性主義」の問題も潜んでいる。[25] 反知性主義といえば、一見すると、いかにも知的なものを嫌う「反知性」や、知的退行を許容する態度と思われがちであるが、そういうことではない。ここでいうところの反知性主義は、学ぶことや真理そのものを軽んじているというよりは、知的エリート層が振りかざす知的な言説の傲慢さを拒絶し、大衆側が共有するところの――これまで駆使されてきた――常識的直観を大事にしようとする態度のことである。

ときにリベラル派の論者のなかには、「反知性主義＝政治を語る資格がない人たちが依拠する蒙昧《もうまい》な思想＝保守主義」とみなす人たちもいるが、それは本来の反知性主義の意味をとりちがえているし、なにより、それこそが、反知性主義批判を唱えた（そしてときに反知性主義陣営の攻撃対象でもある）ホーフスタッター自身が暗に批判するエリートしぐさである。反知性主義を取り扱う本来の議論は、知識人やリベラル側の傲慢さを暴きうる点ではそれなりの意義があることには注意すべきである（もちろん、だからといって反知性主義に傾くことについては注意が必要なのであるが[26]）。

話を元に戻せば、学歴偏重主義に立脚したエリート主義的な政治的言説には、どこか「自分たちこそが、公共問題については理にかなった考え方ができるわけだから、いちいちわれわれの言うことに反対するんじゃあないよ」といったような抑圧的な響きがある。それは公共的な議論をしているようでいて、実質的には、自分たちが認めない意見に対して「勉強不足は参加するな！」と言って封じようとしているようなものである。そうしたエリートたちやその支持政党に対し、それ以外の人たちは怒りや反感をおぼえるのも仕方がない。

アメリカの政治的分断に対して警鐘を鳴らすサンデルは、「社会的・政治的問題を最もうまく解決するのは、高度な教育を受けた価値中立的な専門家だと主張することは、テクノクラート的なうぬぼれである」（サンデル、二〇二一、一〇九—一一〇頁）と、やや厳しめにリベラル派に対し批判している。こうした知性主義と反知性主義、そして高学歴な知的エリート層とそれ以外、といった区分は、それぞれ公共圏において交わらないスペースでそれぞれの暮らしを営む「高所得層と低所得層」と同様、互いに交わらない価値観を抱えながら分断された政治的意識のもとで生きてきたわけである。当然、そこでは、一つの公共的目標に向かって協力してゆこうとする態度が失われているので、議論は活発なようにみえても実りのある案が出ることも同意が生まれることもない。[27]

ネット空間でもよくみられるものであるが、こうした分断のもと、「リベラル派かそれとも保守主義派か」といった二択のうちの一つを絵踏みさせるがごとき議論があちこちで展開されている。それは一見すると、公共についての活発な議論ともとれなくはないが、実質的には、参加者を敵／味方に分けようとしたり、論敵に「愚かな奴」とか「加害者サイド」というレッテルを貼りつけて論破してやろうという傾向が強い。そして、それに辟易した多くの人はサイレント・マジョリティとなってしまい、公共圏において声を上げなくなってしまう。

お上の取り締まりが厳しかった江戸時代や大戦期ならともかく、現代の、しかも気軽に参加できるＳＮＳなどにおいてさえ、多数派が積極的に政治的議論に参加しようとしないのは、多くの政治的言説が建設的なものではなく、罵り合いや重箱の隅の突っつき合いになっているという理由が大きい。とりわけ実名でそうした殺伐とした議論に付き合おうとしないのは、そこに加わることで何か失言をしてしまって炎上したり、職場や学校、家などに苦情の電話などが鳴り響く事態を避けたいというのが大きいだろう。いわゆる「キャンセルカルチャー」[28]という問題も、ここにはかかわっている。

3　大学の無償化の是非

ところで、昨今、「大学の授業料を無償にしろ」とか、「大学や大学院の奨学金は給付型にして、返済は免除にしろ」という声をよく耳にするようになった。私自身、大学院のとき利用した制度では一部学費が免除にならずに夜勤のガードマンをしたり、大学院時代の奨学金をおよそ一五年かけて返済したという苦労もあるので、そうした政策の実施には賛同的である。なにより、教員をしていると、実家が家計的に苦しくてバイトと学業の両立が困難な学生を頻繁に見かけるし、コロナ禍においては飲食店の休業もあってバイトできる環境が激減したり、保護者が職を失って仕送りがストップしたというケースもあるので、救済策というのはあった方が断然よい。

ただし、こうした政策を求める声のなかに、たびたび、「大学で学ぶのは、いまや義務教育のようなものだ！　だから授業料を無償化しろ！」というようなものがあるが、それを聞くと、私は若干複雑な気分になる。

学費無償化や給付型奨学金というのは、大学で学びたいのにそのチャンスがない学生や、卒業してから多額の借金を背負ってしまいかねない学生にとっては必要不可欠である。教育というのは平等であるべきで、裕福な家庭に生まれた子だけが大学を卒業し、そうでない子はあきらめたり、多額の借金を自分で背負ったりするというのはあまりにも不平等であり、社会的に不正義といえる。

ただし、すでに、保護者の収入に応じた授業料等の減免や、奨学金制度というものがあるわけで[29]、これをさらに——日本のどの大学においても公平な形で——すべての世帯へ拡大するということは、財源のことも考えなければならない。もちろん、財源の一部は、大学が担ったり、企業からの支援であったり卒業生などからの寄付金でまかなえるにしても（実際、そのような奨学金もあるので）、その拡大において税金がさらに投入されることは不可避である。しかし、学歴偏重主義や、それがすでに引き起こした社会的格差がある現状において、これが「公共の問題」として理解され、税金を投入することが多くの人たちに支持されるかといえば、なかなかそれは難しい。

というのも、「高学歴と低学歴」「大学卒とそれ以外」では、それぞれ後者の方が、傾向としては低賃金であったり、過酷な労働に従事する割合が大きい。そうしたなか、後者の側からすると、自分たちが働いて稼いだ収入の一部（税金）が、自分が選ばなかった——そして自分よりも高待遇になるであろう——進路を選択した人たちへと当然のように流れてゆくのに、すんなりと納得することなどできないからである。そもそもの学歴偏重主義や業績主義においては、「あとで困らないように、学歴を身につけたほうがよい」という思惑から、学生は「大卒」という学歴を欲しているわけで、それはいわば「自己への投資」（あるいは自身が世話する子どもへの投資）に他ならない。だとするならば、「自らへの投資として（ときに保護者の力も借りながら）大学へ入学した高学歴となりうる学生への支援の分まで、そうではない低学歴の人も含めた社会全体が負うべき義務なのだ」という言い分は、少なくとも低学歴・低所得者層にとっては正当性をもちえないだろうし、これまで自分（たち）でお金を払って苦労してきた大学卒業者たちも納得はしないだろう。

つまり、学歴偏重主義のもと分断気味なこの情勢において、「学生のため」という理念が公共のものとして共有されうるかといえば、なかなか難しいといえる。それに、大学などの高等教育機関への進学をあえて選ばず、すぐに働いて自分で稼ぎ始めた中卒・高卒者の人たちからすれば、「大学で学ぶのは、いまや義務教育みたいなものだから」というその言い方自体に嫌悪感を覚えるだろう。それは、言い換えれば、「大学に進学していない人は義務教育レベル未満の人」という言い分であり、そこまで見下されているにもかかわらず、自分たちの税金の一部が自分たちを見下している側に流れ込むのを良しとするはずもないからである。

自分がそれなりに苦労した経験をもつ大学卒・大学院卒であれば、そうした学生支援政策に手放しで共感・賛同するかもしれない。それでも、学部卒と大学院卒の間ですらギャップがあるくらいである。実際、「ふつう大学卒業してすぐ働いて税金を納めるのに、修士や博士までいって、それを支援してくれだなんて……」と話す大学生（学部生）をみたこともある。そうであれば、大学に行った／行かなかったといった、まるで異なる経験をした人同士においては、なおさら互いのことはなかなか理解できにくい。

こうした状況下、仮に大学院の学生や卒業生たちが大規模的な政治運動を行ったとしても、それが、中卒や高卒といった人たちの共感を得るかといえばそれは現状難しい。というのも、ともに支えあって頑張っている、といった意識がそこにはないからである。簡単にいえば、ふれあいがなく、階級意識だけがあるその状況で、それを共通の関心事として解決しようという動きが世間に広がることはまずありえない。そしてこれは他のさまざまな事柄においても共通する事態である。

だからといって、大学生や大学院生への支援が無意味といいたいわけではない。エリート意識のもと「大学に行くのは当然なんだから」という考え方だけでなく、「貧しいくせに大学に進学したんだから自己責任でしょ」と突き放すその考え方さえも、学歴偏重主義が引きおこした分断特有のものであり、いずれもそれなりの理はあるが絶対的に正しいというわけでなく、この二項対立にとらわれることのない考え方が「公共」において求められる。

そもそも、「教育」が公共の事柄であるのは間違いない話であるし、そうした教育の事柄から大学・大学院を排除し、「それは個々人の問題だから」とか「自分で投資しているだけでしょ」と言って切り捨ててしまうのは、個人主義・市場主義におかされた考え方であって、公共的事柄を取り扱う態度としては望ましいものではない。

それに、学費無償化や給付型奨学金について公共の問題として改善が望まれるのは、単に苦しんでいるかわいそうな学生がいるからという感情的な話だけではない。社会的な「知」の拠点である大学を——もちろん、他の現場などにもその担い手はいるが、それも大学との間で互いに協働することでより高いレベルでの「知」が実現できるわけなので——今後担ってゆくであろう修士号・博士号取得者が、困窮的事情によって減少しすぎてしまうと、結果として大学における研究・教育レベルが落ち、それは最終的には社会全体の知的レベルの凋落《ちょうらく》を招くことが危惧される。その損失は、大学の外側にも波及するであろう。それを防ぐためにも、より多くの学生がその才能を開花できるような社会的援助が必要であり、その一環としての学費無償化や給付型奨学金なのである。

ゆえに、個別イシューとして学費無償化や給付型奨学金に賛同するとしても、現状の学歴偏重主義や学歴差別、偏見や見下しは即座に撤廃されるべきものであることに変わりはないし、学歴に基づく賃金の格差や生活水準の格差などは同時並行的に解消されるべきである。アメリカナイズされた能力主義・業績主義を全廃しろとはいわないし、専門的な仕事内容によっては高学歴＝高待遇というのもやむをえないだろうが、一般的な仕事についてはどのような学歴であれ、それなりにフェアに扱われるべきである。

私個人としては、中卒者・高卒者はいち早く現場にでて積み重ねたキャリア（それこそ業績や能力としての「メリット」）があり、それは同年代の大卒者・大学院卒者の資質と遜色があるとは思えない。企業はそれを鑑みて給与体系を公平なものとし、政治家たちは、中卒者・高卒者の多い業界の意向を踏まえ、その待遇改善を社会的に呼びかけ、必要があれば法改正する必要もあるだろう。大学卒・大学院卒の有権者は、自身が受験勉強に苦労したという事情はさておき、大学の学費無償化や給付型奨学金支給といった政策と同様に、中卒者・高卒者の差別的待遇に対する改善にも賛同的であるべきだろう。自身が大学に進学したからといって、大学へ進学しなかった人たちの苦境を「それは自業自得でしょ」と切り捨てるべきではない。そうでなければ、大学における各種改善策は、いつまでたっても大学当事者の問題としてしか認識されず、公共の問題として多くの人に共感してもらうことはできないだろう。

どちらか一方ではなく、誰もがより良き生活を誇りをもって営めるような「公共」の復活には、異なる人たち同士の連帯が望まれるわけで、そこに横たわる上下関係は一刻も早く除去されるべき障害なのである。

第Ⅱ部

大人の難問

商業主義、イズム、偏見を考える

第４章　成果主義は善か――人を操ろうとする思考

１　年功序列から成果主義へ

「ただ年をとっているだけで高い給与をもらう年功序列型の日本のシステムはもうやめにして、アメリカのように、能力主義・成果主義にすべきだ」といった提言は、日本経済が停滞しはじめたバブル崩壊後に活発になされた。実際、一九九〇年代後半から二〇〇〇年代にかけて、日本にも――完全なアメリカ型というわけではないが[30]――能力主義・成果主義が導入されるようになった。とはいえ、能力主義・成果主義の導入はいまだ十分なものとはいえない。

そもそも、年功序列のデメリットに日本人自身が気付いていない、という指摘もあるくらいなので、ここで年功序列のデメリットをいくつか挙げておこう。よく語られるのが、「能力のある人が出世できない、不公平なコネ社会となっている」というものであるが、他にも経済的観点からの悪影響も指摘されている。[31]

たとえば、それなりの退職金をもらうためには長期の勤続年数が必要であるので、一度就職すると、職場になかなかなじめなくとも、自身の能力を活かすべく転職しようというふんぎりがつかず、それによって雇用の流動性が阻害され、雇用のミスマッチが生じやすいというものがある。また、年功序列制度では、古い考え方に固執したり、過去の成功体験を振りかざす年長者が出世して意思決定権限をもちがちとなるので、若くて優秀な社員の専門的知識がうまく活かせず、市場の変化に対応できず、企業収益の伸び悩みの潜在的要因になることもある。

しかし、こうした年功序列批判の中核となっているのは、やはり、①頑張っている社員がいだく不公平感と、②企業経営陣がいだく業績アップへの期待であろう。これらについて少し考えてみよう。

能力のある人や努力をした人が（あるいはその両方に該当する人が）、そうでない人と同じ待遇であるのは公平ではない。ましてや、そうでない人の方が出世して高給取りになることも年功序列制度ではありえるので、きちんと能力と実績を評価してほしいと願っている労働者は多いはずである。しかし、チームで仕事をする場合には誰がどれだけ貢献したかを正確に測定することは難しい。また、担当する仕事によっては運が悪く成果がでないこともある。あがってきた成果が運によるものか、それとも、他者と一線を画すようなその人の能力や努力によるものであるかを見極めることも難しい（見極めた結果、功績を訴える当人と、査定する側との認識のズレも生じるだろう）。

とはいえ、年をとれば給料があがります、というだけでは怠け者もでてくるし、真面目な社員は不平不満がたまってやる気をなくしかねない。そして企業利益が低下する、ということが問題視されている。つまり、年功序列システムは有能な労働者のやる気をさげ、そして悪い結果を招くため、不公平なだけでなく不合理なものとされている。

そこで、「誰がどのようにというのは正確には測定できずとも、[32]アメとムチを使って、社員のやる気を引き出せば、トータルとしてはプラスになるのではないか」という考えに傾いた経営陣が、成果主義を導入するのも無理はない話である。なんせ、「人は快をもとめ苦を避ける」傾向があるし、市場においては「お金をもらえば嬉しくなるし、失うのはイヤな気持ちになる」傾向があるのだから、合理的なビジネスマンがたむろする市場において成果主義的なシステムが好まれるのは或る意味必然であった。

人はお金をもらえば、そのお金で好きなものを購入できるので嬉しくなるし、逆に、お金を失ったり、もらえるはずであったのにもらえなくなるのであれば悲しい。そして、お金をあげるから頑張れといわれれば頑張れる。バイトでも、「頑張れば時給があがるからね」と言われれば、そう言われないよりもモチヴェーションが高くなる。逆に、頑張っているのに「時給はあがらないよ」といわれると、モチヴェーションは低くなる。こうした点から、お金というものは強力なインセンティヴといえる。

このように、年功序列から成果主義へのシフトにいたるうえで不可避的に登場してくるのが、「アメとムチ」的なインセンティヴ制度である。「アメとムチ」自体は古今東西使用されてきたものであるし、親や教師が子どもを教育するときにも使われたりするわけだが、それがアメリカナイズされた企業経営のメソッドとして、ついには大人相手にまで使われるようになってきた、ということである。

2　アメとムチの効き目と限界

しかし、アメとムチに効き目があるからといって、それは万能薬というわけではない。たとえば、かなり難解なプロジェクトに携わっている人に、「期限内にここまで成果をあげてくれれば、ボーナス二〇万円だすよ」といえば、ほどよい緊張感が生まれてより高い協調が実現するかもしれない。しかし、それがもし「成功すればあなたにボーナス二〇〇〇万円だすよ」となれば、その金額に対応する形で高い成果をだせるだろうか。もちろん、ありえないことはないが、場合によっては、逆効果となりうることも念頭に置く必要がある。

確かに、ご褒美をぶら下げることで、個々人のやる気はあがるだろうが、複雑な仕事であればあるほど、他人との協力や、頼み事をすることも多くなる。しかし、報酬の大きさのあまり焦りが生まれると、少し失敗したり足を引っ張りがちな同僚や部下を厳しく叱り飛ばしたり、異なる意見の者同士が激しく対立することも十分ありえるし、自分自身のミスも多くなる。一人で黙々と行う単純作業や肉体労働であればともかく、何が正解かもわからないことを手探りでやる場合は、あまりにも強いプレッシャーは害となることもある。ましてや、チームで話し合い、それぞれの役割がかみ合う形で機能するための効率的かつ柔軟な発想が求められるとき、あまりにも高い報酬がぶら下げられていると焦りが生じてしまい、チームワークが乱れてしまうこともあるだろう。

もちろん、慣れの問題もあるので、このての仕事に慣れているスタッフであればうまくこなせるかもしれないが、そうであればわざわざ臨時ボーナスで二〇〇〇万円というアメをぶら下げる必要はない。そうした優秀なスタッフには、基本給としてそれなりに高い給与を支払いながら、適度なボーナスを上乗せするくらいがちょうどよいだろう。それと、個々人にそうしたインセンティヴを与えるのではなく、「君たちのプロジェクトが成功すれば、ボーナスは弾むよ」という形でチーム全体にインセンティヴを与える方が効果的な場合もある。もちろん、チーム全体がプレッシャーを受けすぎて、ピリピリするとそれもまた逆効果となりうるわけではあるが。

ムチに関しても同様に、その効き目には限界があるし、ときにはアメ以上に逆効果のリスクがある。たしかに、人は痛みや罰、非難されるのを避けたがるので、罰を加えられるよりは加えられない方がよい。しかし、罰を加えられてもやった方がトータルで得をするような選択肢があれば、利己的な社員はそちらに傾くかもしれない[33]。それに、一生懸命頑張ったのにボーナスカットなどの憂き目にあうと、かえってやる気を失ってそれ以降は頑張らなくなるかもしれない。さらにいえば、運悪く成果をあげられなかった優秀な人材が、その頑張りが認められないこと自体を不当な懲罰と思って辟易し、退職・転職するというリスクもある。

「人間はだれもがお金で動く」と信じ込んでいる経済的思考は、実際の人間相手では失敗するという経済実験の事例もある[34]。人間は感情をもった生き物であるので、不当に取り扱われたという認識のもとでは、経済的利益を放棄し、自身を不当に扱った相手と距離をとることも多い（だからこそ、不満をもって退職した人が、より給与の低い、しかし気持ちよく働ける職場に転職するケースがある）。「基本給で他の会社よりも高い給与を払っているから、多少プレッシャーや罰を与えたところで、辞めることはないだろう」とばかりにアメとムチを過信し、相手をコントロールしようとするやり方は、倫理に反するだけでなく、理にも反しているといってよい。

私が思うに、アメとムチに傾倒しすぎた成果主義は、年功序列制度において暗に前提とされている人間の成長可能性を捨象しすぎているし、「何か安心できるものに帰属したい」という人間本来の切実な願望を過小評価しているともいえる。

それと、年功序列制度には、デメリットがあるにしても、無視できないメリットがある。日本において能力主義・成果主義がいまだに十分に浸透していないことについて先ほど簡単に言及したが、その理由は、日本における年功序列制度が、ヘッドハンティングや転職といった雇用の流動性が高いアメリカ型の会社以上に、企業内での人材育成というものを前提としているからである。いわば、技能習得側の徒弟制度のようなもので、技能を習得した人が今度は教える側・統率する側となって新たに人を育てるようなシステムなのである。

これはもちろん、技術的革新が激しく、変化しやすいマーケットにおいてはデメリットに働くこともあるが、それでも、成長途中の人材をいきなりアメとムチでひっぱたくよりも、堅実・地道に成長してゆくことを見守り、次世代の会社を引っ張ってゆくよう期待をかけることは、真面目に頑張っている社員に安心感を与えるものである。「立ち場が人を育てる」という格言もあるように、「来年からは上司（先輩）になるんだから」とプレッシャーをかけられることで、それらしく振舞えるように頑張って成長できる人もいる（もちろん、立場にあぐらをかいて怠ける人もそれなりにいるだろうが）。

ここにはおそらくタテ社会的な儒教的価値観があり、それは日本において年功序列制度が馴染んでいる文化的理由なのかもしれないが、いずれにせよ、成果主義であれ年功序列であれそれぞれ長所も短所もあるわけで、馴染まないような場所にいきなり成果主義を持ち込んで、強烈なアメとムチで人を操ろうとしても、それは逆効果でしかないだろう。

3　非-人間的な社会

ここまで、業績主義や成果主義に関する警告じみたことを述べてきたが、しかし、業績主義や成果主義は完全に間違っているというわけでもない。たしかに、成功する人は、能力もしくは環境に恵まれた結果、チャンスをものにしたという面があることは否定できない。「いや、努力だってしたんだ！」と言ったとしても、その努力が、成功しなかった人たちの努力以上のものであることをいつでも保証できるわけではない。そもそも「努力すれば成功しやすい人間」であるように育ってきたこと自体も運がよかったということができる。

しかし、この論法を突き詰めれば、「うまくゆくのは運がよい。そうでないのは運が悪い。すべては決まっていた」というような運命論・決定論でしかない。努力のなかで人間が成長したり、何かをなしとげるといったストーリー性や、個々人が覚悟をもって自分の生き方に責任をもつという自由意志は一体どうなるのだろうか。哲学において、これは「自由意志vs.決定論」として今なお話題のトピックの一つであるわけだが[35]、実践においては、個々人の努力やそれをベースとしたアイデンティティを素晴らしいものと評価するかどうか、といった、われわれの態度決定の問題ともいえる。

そして、われわれは実際、他者についてはその振舞いや動機から評価したり蔑んだり、愛したり、憎んだりする。これは根源的な心情でもあり、これなしでの対人関係や社会生活、称賛や非難、責任や権利や義務といった概念は成立不可能であろう。形而上学的な自由意志があるかないかはともかく、因果的な物事の決定をある程度は認めつつも、また同時に、ある程度は——それが自己であれ他者であれ——人格における自由意志を前提した実践のなかにわれわれがいるのは事実である。[36]

だからこそ、誰かが頑張ったことやその功績をたたえたり、誰かが責任のある形で失敗したので非難することが意味のあることとしてまかりとおっているのであり——つまり、その責任があるかないかについての真偽が問えるものとして想定されており——、この点で、業績主義や成果主義はそれなりの実践上の有意味性をもっている。

だが、同時にわれわれは、原因と結果、すなわち因果関係というものも生活上の知恵として利用している。哲学的には因果法則それ自体も、自由意志同様にそれが実在的なものであるのか、あるいは単にわれわれの主観的な認識にすぎないのかという議論もあるが[37]、実際には「在るもの」と想定したうえで、「なぜそのようになったか」という原因の追求・解明をわれわれは常に行っている。だからこそ、成功した人であっても、その成功は一つの「結果」であり、その人が育った環境や周囲の協力を「原因」とみなすような因果推論を行うことで、「その成功は、その人自身の努力というよりも、運や環境に恵まれていただけだ」といった業績主義批判をすることができる。

このように、われわれは自由意志に基づく業績主義的な認識や、それを否定する因果的決定論を使い分けているわけで、このバランスのもとで「誰が称賛に値し、誰が非難に値するか」といったことについて、その他大勢の人たちと何らかのコンセンサスを——その共同体の常識と照らし合わせつつ——形成しているといってよい。そうであるとすれば、過剰な業績主義を否定しつつも、誰かの頑張りを正当に評価しようとすることは決して間違いではないし、頑張った人にはその報賞としてそれなりの恩恵を授けようとすることもまたそれなりの妥当性をもっているといえる。

カントの倫理法則

だが、このように、努力ゆえの成果に対し、それを高く評価したり報賞を与えることと、誰かをアメとムチで操ることとは、似ているようでまるで異なる。前者は、他者を人格として尊重しているからこそその善意（悪意）や努力（怠慢）に対応するような応報的態度であるが、後者は、他者を手段として利用するような道具主義的態度である。

近代道徳哲学の大家イマヌエル・カントは、人間が単なる動物ではなく理性的人間として従うところの倫理法則について、「理性的存在者のおのおのが自分自身と他のすべてを決してただ手段としてだけではなく、むしろいつでも同時に目的自体それ自身として扱うべきである、という法則」と述べている（「人倫の形而上学の基礎づけ」二〇〇〇年、第2章）[38]。それは、他人を目的達成のための道具のように利用する反倫理的—非人間的スタンスではなく、理性的人間は倫理法則のもとで他者を目的それ自体として取り扱うべき、という趣旨である。

つまり、アメとムチで他人を操って会社の利益をあげようというのは——それはあたかも馬に対し人参をぶらさげて、ときにステッキで叩くようなものであるので——自身と対等なはずの人格を目的として扱うというよりも手段としてしか扱っていないという点で非人間的振舞いである。倫理とは、理性的な人間が互いに相手を目的として尊重しながら共存するための理であるので、それに反するということは、人間らしい理知的な共存関係とはなりえない。

もちろん、だからといって功績がある人への高報酬は咎められるべきものではない。しかし、そうであっても、理性的な人間のコミュニティにおいては、ある程度の業績を達成した「能力ある（とみなされる）人」であろうが、それ以外の人であろうが、等しく尊重すべきであるし、差別的な意識をもったり、業績を達成できなかった人が粗末に扱われることをよしとするべきではない。

カントの倫理法則におけるもう一つ大事な要素として「普遍化可能性」というものがあるが、それは自身がどんな立場であれ――つまり、運よく業績をあげている立場であろうが、運悪く業績があげられなかった立場であろうが、あるいは、自身が部下を査定する立場であろうがなかろうが――なすべき倫理的義務を果たすべきということである。それは、自身が優越的な立場にいるからといって、劣位のポジションの人への倫理的配慮を怠るべきではない、ということを意味する。

たとえば、同じ会社のスタッフであるのに、業績主義のもと、あまりにも給与格差が開きすぎてしまうと、優位にある側と劣位にある側では同じ仲間という意識は生じにくい。そのようななか、優位にある側が、自身が劣位にある場合には決してされたくないような態度を劣位の側にとったり、劣位の側が困っているのに対し「無能なんだから仕方ないよね。嫌ならもっと努力しないと」などと言い放つというのは、理性的な人間同士のコミュニケーションから逸脱しているし、それは結局、欲望で動く動物的人間が、共存するわけでなく、それぞれ個々の人生を好き勝手に生きているのと変わりはない。

そのように、他人を見下し、使えなければ存在意義はないというような業績主義的な意識が、会社だけでなく社会にまで広がるとすれば、そこはもはや人間以外の動物が暮らす社会と変わりはしないだろう。いや、他の動物ですら、困っている仲間には同情して配慮するのであるから、業績主義に毒された結果の社会的分断状況とは、もはや動物以下ともいうべき集団生活なのかもしれない。

第５章　強く、正しく、美しく？
──人を追い込む社会的偏見について

１　キレイになりたい欲求の背景

「カッコいい人」「キレイな人」は魅力的であり、そうした魅力的な人は、そうでない人と比べていい思いをしている、と一般的には思われがちである。もちろん、そんな面がないわけではないだろうが、カッコいい人やキレイな人であっても悩みは尽きないだろう。ときにその美麗さが妬みの対象となったり、あるいは交際をたくさん申し込まれて疲れたり、ときに逆恨みされたり、ストーカー被害にあったりすることもある。

しかし、そうでない大衆にとってみると（もちろん私もその一人であるが）、魅力的と思われたいし、自分自身もそうなってみたいという願望をもっている。そして、それに少しでも近づくために、髪型を整えたり、おしゃれをしたり、化粧をしたり、身体を鍛えたりスリムになろうとしたりするわけだが、現代ではさらにその先に美容整形などがある。ここでは、そうした美容整形が盛んになってきたその背景について考えてみよう。

身体に何らかの加工を施すといったことは、古今東西で行われてきた。刺青やピアスはその類《たぐい》である。これらは今では、自発的に行われる「オシャレ」とされてはいるが、古代・中世においては、なんらかの証――「勇気ある大人」であったり「犯罪者」であったり――として共同体から強要されるようなものもあった。また、呪《まじな》い的な意味もあったとされるが、近代になると、そうしたものは次第に無意味とみなされるようになり、共同体による個々人の身体への介入というものは忌避されるようになった。その結果、現代において、刺青やピアスをするのはほとんどの場合「個々人の趣味」ということになっている。とはいえ、日本において刺青やピアスは、反社会的集団や不良文化のようなシグナルとして忌避されることも珍しくなく、高校卒業までは、学校において規則で禁止しているところも多い。

刺青・ピアス賛成派のロジックとして、自分の身体は自分のものであり（身体の自己所有論）、他人に迷惑をかけない限りでは、その身体は自分の自由意志に基づいて何をしてもいい、というリベラリズム（自由主義）がある。これに対し、「身体は親が、そして究極的には神様がくれたもので、自分だけのものではない」という伝統主義的批判や、「他人に迷惑をかけないといっても、周囲に威圧感をふりまいて萎縮させたり、みんなの嫌悪感を引き起こしているので自由の問題ではない」という共同体的反論、さらには、「あなたがあとで絶対後悔するから、あなたのためにやめなさいといっているの」というパターナリズム的反論がなされる。

しかし、いずれの反論も、個人主義・自由主義からすればそもそもが受け入れがたいものである。ゆえに、「親や神様がいつまでも自分を所有物扱いするのは、家族や宗教をたてにした奴隷制のようなものだ」とか、「威圧感や嫌悪感をおぼえるのはその人の自由だが、それは自分と関係がない」とか、「自分が後悔するとしてもそれは自己責任であるし、何が自分のためであるかは自分が決める」といって、どこまでも反対することはできる。親から扶養されている子どもであってもこうした論を立てられるわけであるから、扶養をはずれた成人に対し、強制力をもってそれを食い止めることはなかなか難しい。

刺青やピアスでさえそうなのであるから、成人がおこなう美容整形や筋力増強によるボディビルディングなどはなおさら反対の余地は少ない。もちろん、健康被害をもたらすようなものについては批判や規制の対象ともなりうるが、そうでない限りは、積極的に反対する倫理的根拠というものはかなり希薄である。より美しくなるのは誰の迷惑にもならないし、親がそれに賛成するも反対するもそれは親の個人的嗜好にすぎず客観的な正・不正の理由にはならない。神様だってそうなることを特に禁止しているわけではなく、「美」を重んじる神々あたりならむしろ喜びそうなものである。「美人すぎて威圧感がある」「他の人がみじめになる」という意見もあるだろうが、そのことを理由にその当人の（美しい）在り方を禁じようというのは、近代の自由主義の否定、そして、幸福追求権の否定であって、かりに国家権力をもってそれを取り締まろうとすればそれは憲法違反ともなる。

二〇二〇年時点においては、日本の美容整形手術の数はアメリカ、ブラジル、中国に続いて第四位である。安全で手軽なものとして一般的になったそれは、[39] 日本においては二〇一七年は約一六〇万件、二〇一九年には約一九七万件といった感じで増加傾向である（若干、増加率は横ばいになっており、コロナ流行直後においてはやや減少したようであるが、[40] その後に回復した）。

国や文化によって、美容整形を行う理由はまちまちであり、たとえば、ミスコンや、雑誌のグラビアアイドルなどを幼少期から家庭ぐるみで目指す文化圏もあれば、SNSでの盛んな自己発信が背景となっているところもあるだろう。あるいは、なにかを成し遂げたいといった積極的な動機だけでなく、もしかすると、「ちょっと気になるから」という好奇心や、「他の人もやっているから」といった集団心理も働いているのかもしれない。それに加え、費用の低価格化、オプションの多様化といった要因もあるだろう。また、手術的なものだけでなく、非手術的な施術もあり（日本においては非手術的な施術のほうが八割を超えているといわれている）[41]、「安全」「安心」「経済的」といった要素が、従来の顧客であった中高年層のみならず、若年層の背中を後押ししているものと思われる。

美容整形の背後にあるもの

しかし、歴史的な文脈をさらに掘り下げると、そうした美容整形を求める意識の背後には、単なる「美」を崇め求める欲求とは異なるものが隠されていることがわかる。

現在のような外科手術、とりわけ顔面手術が増えてきたのは第一次世界大戦期といわれている。[42]アメリカやイギリスの負傷兵が除隊後に一般の仕事に就くためというのが大きな理由であったようだが、やはり、世間一般として、顔になにか問題があるよりも、そうでないことが望まれている風潮があったようである。手軽に美しくなれるこうした技術は、本来は「治療」だったものが、自己実現のための「手段」となったものといえる。つまりなんらかの障害を取り除き通常レベルに戻すためというよりは、通常以上の状態へ至るためのサポート的なものとして美容医療が活用されるようになった、ということである。しかし、こうした変化の背後において一貫して通じるのは、「普通」ではないものへの偏見や、そうした偏見に基づく不安といったものが隠されている。

そもそも、見た目などは人さまざまであり、それが健康被害につながるものでない限りは、医療の対象とは通常なりえない。しかし、戦時下・戦争後において顔に怪我を負った人は、見た目が「普通ではない人」となり、そうした人は「通常の社会生活を送れない人（あるいは当人がそう信じて不安に駆られている人）」として治療の対象となった。そして、現代においては、もはや戦争とは無関係な状況にある人であっても、見た目が「普通ではない人」、あるいは自身でそう思い込んでいる人は、他の「普通の人」たちのような通常の幸せを送ることができないと考え、自身の見た目を「治すべきもの」とみなし、その治療を試みる。

このように、本来は医療の対象ではなかったものが、医療の対象となることは、「医療化(medicalization)」と呼ばれるものである。また、見た目についての当人たちの不安や苦しみは、「無意識」の領域を取り扱う一九世紀の精神分析的な思考法のもと「病気とその苦しみ」とみなされることもある。つまり、その個人の精神と行動に失調をきたす心理的抑圧の原因として、治療対象のカテゴリーに加えられうるのである（佐藤、二〇二一、二四―二五頁）。もちろん、これらの治療は、表向きは「普通」ではない風貌の人を配慮や同情の対象とする倫理的取り組みであったが、同時並行的に、「そんな顔をしているのは普通の人とは呼べない」といった外見差別の風潮を醸成してゆくものであった。つまり、ある特定の風貌を「異常」「病気」「治すべきもの」と位置づけ、それらへ同情しつつも、決してそれらを「普通」の側へと受け容れようとしない排除的風潮をつくっていったのである。そして、そうした風潮や、風貌に関する忌避や不安は、二一世紀になった現代においても何らかの形で残っている。それは、たとえ価値多元主義的なリベラリズムによって、表向きはどのような風貌も許容され、整形するもしないも個々人の自由に委ねられているとしても、である。

2　すぐそばにある「外見主義」と「年齢主義」

配慮の皮をかぶった外見差別は、ごく身近なところでも見受けられる。たとえば、職場の同僚や友達などに「なんでその傷放っておくの？　今は安い外科手術を簡単に受けられるのに？」とか、「なんでその顔や手の湿疹放っておくの？　見た目悪いから、化粧するとか手袋はめるとかして隠せば？」などと言われたことがある人はいないだろうか。

そういうことを言う人たちは親切心で言っているのかもしれないが、その根底には、「人前でさらすべきでないものは病気のようなものであり、治療すべきか、そうでなければ、隠すべきである」といった、差別的嫌悪感があるようにも思われる（当人にその意識はなくとも、そのような言動をさせる無意識において）。人々が嫌悪する見た目を矯正する医療技術それ自体は望ましいものであるとしても、医療化が人々の意識に浸透すると、「それを治療しないこと＝病気を治せるのに放置したまま苦しむことをよしとする不合理な態度」とみなすような言説が蔓延ってしまう。そして、そんな合理的な人々が闊歩する公共の場において、彼ら・彼女らがふと怪訝そうにみてしまうような外見の人は「ふさわしくない」ということになる。たとえ明言されずとも、当事者本人が「もしかすると……」とどこか内心ビクビクするということは、そこには抑圧的な空気が流れているかもしれない。それが、ときにその人を美容整形へと駆りたてる。

人々が美醜に関心がある以上、外見主義（ルッキズム）が幅をきかせるのはいたし方ない。だれだってキレイになりたいし、醜くはなりたくない。しかし、それが「醜い人は異常だ」とか「堂々と表にでるなよ」とか「ひっそりと生きてろ」というような外見差別として社会的抑圧やプレッシャーとなれば話は別である。

気を付けてほしいのは、キレイになりたい願望を持っている人はすべて外見差別主義である、といっているわけではないということだ。「なりたい自分になる！」といったポジティヴな気持ちで美容を行うのは、自己実現や幸福追求として問題があろうはずもない。しかし、「見た目が悪いなら堂々とすべきではない」といった抑圧的な風潮のもと、美容形成へと駆り立てられているとすれば、それは本心からのものとはいえないだろう。

それに、仮にそうした人がなりたい自分になったとき、他者に対して優しい気持ちでいられるだろうか。整っていない顔をしている人たちに対し、どこかで「私はお金を払って整形したんだ！　それをしないあんたたちよりは私の方がエライ」と思ったりしないだろうか。それはあたかも、自由市場的競争において成りあがった人が、貧困層に対して「私は貧しいところから頑張ってここまで金持ちになった。あんたたちは努力不足でそのザマだ」と見下すようなものであろう。しかし、そのような人は、顔が最初から整った人たちの仲間に入ったというわけでもない。どこかで、「あんたたちは苦労知らずでいいよね。こっちは本当に苦労してきたし、それでお金をかけたってのにさ」といった憎悪を持ち続けるだろう。もしかすると、そんな苦労をする羽目になった原因として、産み育ててくれた親すらも怨むかもしれない。外見差別の風潮は、加害者側の反倫理的な言動を誘発するだけでなく、被害者側の心を歪め、他人への思いやりや配慮というものを消し去ってゆく危険性をはらんでいる。

あるいは、そんな風に人を憎まなくとも、整形した自分自身に負い目を感じ、心にとげが刺さったまま生きてゆくのかもしれない。日本人のなかには「自然のまま」「素のまま」をよしとする風潮もそれなりにある。美容形成手術などをした人やしていそうなほど整っている人に対して「あの人、顔をいじってるよね」と揶揄することも少なくない。そうであるにもかかわらず、そうした手術を行う人が世間では増加傾向にあるわけだが、これはそうした偏見的風潮が克服・改善されたことを意味するものではない。というのも、実際に、そうした手術を行っていながらも秘密にしている人が多いし、秘密にしていなくともそれを指摘された場合に不快感をおぼえるからである。美容形成手術が一般的に利用されながらも、それを堂々といえないようなこうした現状は、健全というよりはかなり歪んだ状況といえるのではないだろうか。

それに過剰なルッキズムは、一般的には称賛されがちな美人でさえも苦しめることがある。なにかあると「あの人、美人であることを鼻にかけてるよね」と揶揄されるし、そうした外見がジェンダーロール（性的役割）と結びつき、それが当人を苦しめることもある。「女性の添乗員は美しくあるべきだ」のようなプレッシャーを一方的に押し付けられたりするケースも少なくない。

ただ、世の中に蔓延っているのはなにも外見主義だけではない。これと同様、世の中に——とりわけ日本に——蔓延っているものとして年齢主義（エイジズム）を挙げることができる。たとえば、他人の年齢を気にして、「先輩」「後輩」というだけでなく、「おっさん（おばさん）」「がきんちょ」といった区分をしたがるのもその一例といえるだろう。

互いの年齢を気にする風習はおそらく長幼の序を重視する儒教的な思想の名残りであろう。この価値観が転倒し、次第に「年をとることは醜くなること」といった差別的な偏見が醸成されると、粗雑な世代論のようになってしまう。年を重ねた人に対して「老害」や、「じじい／ばばあ」というように、時代についてこれずに足を引っ張るお荷物、あるいは、若者がもつ魅力を失った醜いものというような——外見主義とときに結びつくような——レッテルを貼るようになってしまう。実際、加齢による見た目の変化を嫌がり、整形を行う中高年も少なくはない。

外見差別であれ年齢差別であれ、いずれもがステレオタイプをあてはめ、人格攻撃的な態度を増長する点では反倫理的なものである。これは、たとえそこに善意があろうが同様である。

たとえば、太っていたり、皮膚に炎症が出ている人に対し、「自己管理が足りない」「へんなものを食べているからだ」と言い放つのはとても失礼であるし攻撃的である。かりに親切心で言っているとしても、体質的にたまたまそうなっている人にとってはいきなり自己責任論を投げつけられても困るだけであるし、本人が自覚しながら治療中のところにわざわざそう言われても「分かってますよ！」としか言えない。ただ、もし「分かってますよ！」とそうした人たちが返そうものなら、それを指摘した人は「親切心で言ってあげたのに、キレてんじゃないよ！」と叱りつけたり、そうでなくとも、

「ちぇ、なんだよ。人がアドバイスしてあげたのに」と気を悪くするだろう。そのように気を悪くすること自体、言い放つ自分は上の立場であり、言われる側の見た目は下の立場であるという差別意識がそこにあるからにほかならない。そうした差別意識のもとでは、たとえ丁寧な言葉を使おうとも、それは会話というよりも一方的な罵声のようにしか相手に響くことはなく、健全なコミュニケーションが成立するはずもない。

年齢差別の場合、中高年のちょっとした間違いが「もうボケたの?」とからかわれたり、少し派手な服装を「年齢を考えろ」とダメだしされることがある。しかし、実年齢が若い人だって同様の間違いをすることもあるだろうし、若者であっても似合わない服装をしていることもあるはずである。それを「年だから」というだけで批判されるのは明らかに公平さに欠ける。

また、若者と同じような――意図的に若作りしているかどうかはともかく――若い見た目の中高年もいるわけだが、そうした人たちも「実年齢」という数字を基とした差別的取り扱いを受けることがある。(若い)相手は、年齢を確認するまでは普通にその人と接していたのに、その人の実年齢(若者とは呼べないほどの年齢)を知ったとたん、「もうおっさん(おばさん)じゃん!」とか、「おっさん(おばさん)のくせに、若い人と話をしたいの?」と言い放つこともある。なかには「おっさん(おばさん)とからむ時間がもったいない」とか、「おっさん(おばさん)との約束はすっぽかしてもいいよね」とばかりに、相手を雑に扱う人もいる。しかし、そのように扱われた中高年の人だって、若者並みに傷ついたりする。すると、それまでキャリアを重ねてきた自分のよいところをみようとせず、差別的な印象で自身を否定し、同世代だけで固まろうとする若者たちに対し、「あいつらは頭がからっぽだ」と反発するようになるだろう。若者世代に対する年輩者の憎悪や見下しには、若者の「若さ」

「美しさ」を妬むケースもあるだろうし、一方的に若者の未熟さを小馬鹿にするケースもあるだろうが、若者に好意的であったのに拒絶されたことを恨んでいるケースもあるかもしれない。

固定観念と差別的偏見

もちろん、誰もが多少なりとも固定観念（ステレオタイプ）をもっている。固定観念をいっさいぬきに生活することなどできないし、それが役に立つこともある。「ああいう言動はやくざっぽい人だよね」というのはステレオタイプであり、ときに実際にそうでない人を傷つけるかもしれない。しかし、それが多くのケースで実際にそうであったり、それによって危険を回避できることもあるわけなので、ステレオタイプ自体が悪というわけではない。

年輩のオジサンからいつもパワハラじみた説教をされて嫌な思いをしてきた人が、「あんな感じの人には近づきたくないなあ」と考えるのは当たり前の話だし、よくわからないが被害に遭うまえに避けようとすること自体を咎めることはできない。極論をいえば、因果推論自体がステレオタイプなのである。実際、日本においては、年長者は若輩者にえらそうに説教したり命令したがる傾向にあることは否定しようもない。

ただし、だからといって、きちんとフェアに接すべきときや、公共の問題に共に取り組まねばならないとき、そうした固定観念を振りかざしてろくに相手の言い分をきかず、あたかも異常者や排除されるべき対象のように取り扱うのは正しいコミュニケーションとはいえない。ましてや、何らモラルに反することをしておらずただそこにいるだけの相手に対し、「気持ち悪い」とか「なんでそこにいるの？」といった言動や嫌がらせ、あるいはそうした雰囲気をつくって、相手をいたたまれなくするなどのことは許されるはずもない。

ステレオタイプに基づく外見差別や年齢差別は世の中に深く根を張っているが、だからこそ気づかれにくく、なにげない日常会話のなかでそれが発せられるケースも多い。もちろん、加害者側もいずれ年を取ったり見た目が変わってゆくので、結局は自分自身へと跳ね返ってくるわけなのだが、だからこそ、「結局はみんな同じでしょ」といった感じでなかなか問題視されにくい。しかし、心の傷がどの程度となるのかは個々人によって異なるものであるし（学生時代に外見差別からひどいイジメを受ける人もいる）、みんな被害者になるからといって、相手を傷つける行為の加害性そのものが反倫理的であることにかわりはない。誰もが生涯に一回は暴行に遭うような状況であったとしても、「みんな同じだから暴行は問題ない」ということにはならないように、他者を傷つけるような言動そのものが問題なのである。

他にも世の中にはいくつもの差別的偏見がある。たとえば、日本における晩婚化はかなり進み、未婚率も高くなっているが、それでも、五〇歳以上であれば男性の未婚率は三割以下であるが、女性の未婚率は二割以下である（「令和二年国勢調査人口等基本集計結果　結果の概要」二九頁）。そして、少数派である未婚者、とりわけ女性はいまだに変わり者扱いされることがしばしばある。しかも、結婚差別というものは年齢差別と結びつきやすいもので、「いい年してまだ結婚していないの？」と言われたりもする。ライフプランは人それぞれであるのに、特定のライフプランに対してレッテルを貼るような差別的言動は、当該者たちに息苦しさを与えるものである。

さらにいえば、ライフプランよりもアイデンティティの根幹ともいうべき「人種」や「性」に関する差別になると、これはもう本人にはどうしようもないものであるのに、そうした差別的偏見に苦しんでいる人たちもいる、ということも留意する必要がある。

3　ドーピングはなぜ問題なのか？

人間にとって、「美しくなりたい」という願望が——もちろん過剰すぎれば病的であるとはいえ——自然なものであるように、「強くなりたい」という願望もまた自然なものであるように思われる。もちろん人によっては、腕っぷしの強さを目指す人もいれば、頭脳的強さ、あるいは、権力志向という形で、その方向性はさまざまであるが、それは何かを失うよりは手に入れる方向へと向かうもので、何かを手に入れたその状態をわれわれは「成長した」「強くなった」と言ったりもする。

そのために、われわれはさまざまな努力をする。アスリートであれば、トレーニング、食事制限などであるし、効率的に強化された身体をつくるためにサプリメントを飲むこともあるだろう。しかし、自分がやることは他人もやるのであって、なんとか他人よりも先んじようとし、それが行き着くところまで行き着いたとき、「ドーピング」の手前までくる。

ドーピングとは「スポーツにおいて禁止されている物質や方法によって競技能力を高め、意図的に自分だけが優位に立ち、勝利を得ようとする行為」のことである（公益財団法人日本アンチ・ドーピング機構の定義による）。一般的には禁止薬物行為のことであるが、それだけでなく、自身の血液などを用いて赤血球を増やして有酸素運動能力を向上させるやり方も「血液ドーピング」としてそこに含まれる。いずれにせよ、ルールに反する様々な競技能力を高める「方法」や、それらの行為を「隠すこと」も含めて、ドーピングと呼ばれる。ただし、どこまでをドーピングとみなすのか、そして、なぜドーピングがいけないことなのか、についての見解はいろいろある。

ドーピングの反倫理性については、（ⅰ）ドーピングをする人の健康被害を考慮してやめるべきであるというパターナリズム的主張、（ⅱ）アスリート全体の競技者人生が短くなり、かえってその業界のレベルが落ちてしまったりするといった帰結主義的主張[43]、（ⅲ）その選手の資産状況や所属する国によって効果的で安全なものを使えるアスリートと、そうでないアスリートとの差が生じるので、競争の公平性が担保できない、という競技的観点からの主張、などがあるだろう。

もちろん、これらについてドーピング規制反対派（ドーピング推奨派）からの反論もあるわけで、そうした議論は、「アスリートの自己責任か、それとも、社会的見地からの良識か」といった、対立的な論争となりがちである。しかし、そうした究極の二択という物事の捉え方だけでは見過ごされがちな問題がここにはある。それをとらえるために、一度、そうした政治的スタンスは留保して、まずは、「良い競技とはどのようなものか」ということについて考えてみよう。

「競技」とはそもそもなんであるのだろうか。日本語では「技を競う」と書いているので、その素晴らしいテクニックを観賞するように考えられがちであるが、それならばドーピングを使った超人的な動きやテクニックなどをみてもよいはずである。しかし、競技とは単に技術や結果だけをみるのではない。体力や知力、駆け引きといったそれまでその競技者が培ってきたものすべてをみるのであるし、そもそもが「一人」ではなく、競い合っている競技者たちの競い方をもみるものなのである。

英語の競争（コンペティション）は、元々は、ラテン語の「共に求める（competo）」に由来する。つまり、競技者たちが共に同じもの（勝利）を求めるという公共的な営みに参画しているのである。個々で何かを求めるならば、自分の家の庭で世界記録でもなんでもだせばよいが、競技においては、公共の場で記録や勝利を、共に追い求めているわけである。この「共に（com）」というのは、「仲間」「会社」を意味する「カンパニー（company）」でも使用されるように、同じフィールドにいながら——ときに違うことをしながらも——参加者みんながその場の一員となっているという状態である。すると、そこに相応しくない振舞いをする人はその一員とはなりえないわけで、他の競技者に対して悪質な妨害は禁止されるべきであるし、暴力でライバルを排除するなどはもってのほかである。そこは或る意味では競技者たちにとっての公共的な場なのである。

商業主義と国家主義

アスリートたちが集うそうした場においては、ある国家が無理やりある選手をドーピング漬けにしたり、「勝たなければ家族ともども死刑だ」と脅すような参加の仕方はそぐわない。また、参加者たちが「或る程度は環境の差があっても仕方ないけど、この薬物を使うのはなしにしようね」といったコンセンサスを共有しているのに、それを無視したり、欺くような形でその薬物を使用することも公共的な参画にはそぐわない。もちろん、そうしたコンセンサスに対して、競技者コミュニティの一員として異議申し立てや変更を求める権利はあるにしても、「薬物を使うかどうかは個々の競技選手の自由でしょ」とか「観ている側がもっと面白くなるんだから」という理由を振りかざしながら、競技者たちの公共の場にいろいろ自由に持ち込んでよいものではない。

「よい競技」とは、その観客や関係者が楽しめることは付随的なものとしては望ましいが、そこにいる競技者がきちんと競技をすることが前提であって、競技者コミュニティにとっての「善」「公平」をぬきにしてそれが成立することなどはありえない。

しかし、過熱した商業主義は、「観客やスポンサーもそれを望んでいるんだから」とばかりに、競技者たちが中心であるべき競技者コミュニティの場にいろいろ持ち込もうとする。放映時間に合わせた競技開始時刻を求めたり、なかにはルール変更すらもとめたりもする。そうした商業主義の過熱のもと、広告塔となって期待をかけられた選手は、お金のために「なにがなんでも」勝たなければならないと、競技者コミュニティの一員であることを忘れがちな振舞いをすることもある。同様に、国威発揚のために期待をかけられ、国家の一員として勝利を目指さざるをえないアスリートも競技者コミュニティの「仲間」であることを忘れがちになる。つまり、商業主義であれ国家主義であれ、それが侵入しすぎた競技というものは、参加者同士の連帯を断ち切らせ、競技者たちにとっての公共空間を破壊してしまう。

そうした商業主義や国家主義からのプレッシャーについて、いかに多くの人が無頓着に肯定し、そのツケを選手に押し付けているることだろうか。「スポンサーからお金もらってるんだから、選手は結果をだす義務があるでしょ」とか「税金で支援された国の代表なんだから、へらへらしてんじゃないよ」とばかりに負けた選手をＳＮＳで叩く風潮が一般的になると、ただでさえギリギリまで自らを追い込んでいる選手のメンタルはますます追いつめられるだろう。なかには怪我をするくらいまで追い込む人もいるだろう。この延長線上でドーピングに手をだす人もある意味ではその被害者といえる。

そうした被害者に対し、商業主義的な、あるいは国家主義的なプレッシャーを押し付けていた側の人たちが「それは自己責任でしょ！　バカだね～」というのは、あまりにもひどくはないだろうか。競技者それ自体をリスペクトすることを忘れ、単なる経済人のように「お金をもらうなら成果をだせ」とばかりにプレッシャーをかけて追いつめておいて、何かが起こったら「それは自己責任でしょ」というのはあまりにも倫理に反するし、そうした言説自体が、アスリートと非アスリートが共存するこの社会において非公共的なものといえる。その延長が「ドーピング」ということもできる。

この点から、競技者団体は競技者個々人を守る必要があるし、一般市民に理解を呼びかける必要があるだろう。しかし、競技者コミュニティが利益団体化してそれぞれの既得権益と結びついたりすると、それは一般市民の共感を広く得られることなく、個々の競技者たちはそうした分断の犠牲者となってしまいかねない。

ドーピング問題は個々の事例として今後も議論されてゆくべきものであるし、「競技者の自由意志や自己責任か、それとも社会一般の良識か」という論点は常に関わってくるが、その背後にある、成果主義や商業主義の侵食や競技者コミュニティの分断については、常に警戒しておく必要があるだろう。

第6章　犯罪者は犯罪者らしく？

1　刑務所の民営化？

「民営化」という言葉については、おそらく誰もがどこかで聞いたことがあるのではないだろうか。民営化にもさまざまなケースがあるが、一般的にそれが意味するのは、「国営・公営企業の民営化」というものである。日本でいえば、日本電信電話公社（通称「電電公社」）がＮＴＴ（日本電信電話株式会社）となったり（一九八五）、日本国有鉄道（通称「国鉄」）が、ＪＲとなった（一九八七）ケースがある。[44]

民営化の根底にある理念は、基本的には合理性・公平性・公益性である。たとえば、それまで努力しなくても給与と待遇が保証されていた怠慢な公務員であっても、業績によっては減俸や解雇もありうる民間労働者になることで、仕事へのインセンティヴが高まり、市民むけの丁寧で手厚いサービスの提供が期待される。それに、業績が悪ければ社員の給与カットはもちろん、会社そのものが倒産するわけなので、そうならないよう市場において他社と競争しながら、さまざまな商品・サービスを提供することで生き残ろうとするであろう。すると、多様化のなか、安くて、高品質な商品・サービスが出現することになり、その恩恵は顧客である市民が受けることになる。

また、これまで国や公共団体が独占していたり、あるいはそれらの支援を受けていて公平な競争が阻害されていた業界が、民営化によって健全な自由市場として開かれることで、そこにビジネスチャンスを求める多くの人たちが参入することができる、というメリットもある。さらにいえば、それまで税金で運営していたものが民営化されることで、そこに用いられていた――ときに無駄な使い方をしているとも思われていた――税金を節約したり他の用途に転用できたり、民営化した企業からの税収も期待できたりする。

日本は民営化・市場化が進んでいるとはいえ、社会保障や医療、その他いくつかの面では公的な扶助システムがそれなりに機能しており、それはどちらかといえば「大きな政府」といえるものかもしれない。商業化や市場化、そこでの自己責任、などを個人にも団体にも適用しようとする風潮はどちらかといえばアメリカの方が強いようであるが、そのアメリカでは驚くべき民営化・市場化が進んでいる。

囚人部屋のアップグレード

その一例としてここで紹介するのは、囚人がお金を支払うことで、部屋のアップグレードができるというものである。たとえば、サンタ・アナ刑務所では、「一晩一〇〇ドルで、お部屋をアップグレードできます。アメニティ、テレビ、パソコンつきで、刑務作業なしです！」といったことを囚人向けに宣伝する広告がある。[45] こうしたものは、南カリフォルニアで二〇一一年頃から実際に行われたキャンペーンの一つであるが、この背景には、人道的配慮というだけでなく、刑務所運営の維持費がかさんでいることもある。

刑務所というのは、一般市民に害をなした犯罪者が収容される施設である。しかし、人権を重視する以上、いくら犯罪者とはいえそこでの暮らしがあまりにもひどいものであってはならないので（それは社会復帰を目指す教育刑という趣旨に反したものとなるので）、ある程度の生活が保障されねばならない。そうすると運営にはそれなりのお金がかかる。犯罪者は相も変わらず存在するし、それを監視・管理する刑務官などの人員も必要であるので、お金はこれからもかかり続けるだろう。

しかし、一般市民からは、「一般社会に害をなした人たちが暮らす刑務所にお金を使うより、そのお金を学校教育に使うべきだ」という声もあがる。そこで案出されたのが、刑務所が自助努力によって稼ぐような——そしてそのお金の一部を囚人が負担するような——囚人部屋のアップグレードというものであった。

つまり、犯罪と無関係な市民の税金から刑務所に費やす分のお金を、刑務所がその囚人から合法的に得る形で稼げるわけである。これは刑務所の自助努力といえるものであろう。

実際、南カリフォルニアはこのやり方で、二〇一一年の開始から二〇一五年の間におよそ七〇〇万ドルの収益を得た。もちろん、そのプロセスにおいて、一部の囚人は、およそ囚人らしからぬゴージャスな暮らしを刑務所内でできたわけである。性犯罪のために収監されていたある囚人は、囚人部屋のアップグレードのために一万八二五〇ドルを支払ったりしている（さらに高額なものとして、飲酒運転による高速道路での衝突によって同乗者一人を死亡させた囚人がアップグレードのために費やした七万二〇五〇ドルというものもあった）。[46]

こうした刑務所のお金の稼ぎ方については「なにかがおかしい」という違和感をおぼえ、犯罪被害者はもちろん多くの市民からも疑問の声があがった。ある性的暴行の被害者は、「加害者が刑務所できちんと償うと思ったのに、そんなオプションがあるなんて」と落胆もしていた。しかし、なかにはこの方策に賛成する声もあった。それは、「そもそも犯罪者の生活を、それ以外の市民の税金をもちいてまかなうことがおかしいのだ。犯罪者の生活費や刑務所の維持費は、そこで暮らす犯罪者の労働や財産から拠出するべきであって、この取り組みは非常に素晴らしい（もっと進めるべきだ）」というものである。

こうした刑務所の民営化と、その一手法としての囚人部屋のアップグレードについて、一番ありそうな（しかも多数派かもしれない）反論としては、「そんなの刑務所ではない！　刑務所の民営化が社会的な効用を高めるにしても、それは別の形でなされるべきであって、そもそも囚人は罪に見合った罰として低レベルの生活をすべきだ！」というものだろう。

この反論が前提としているものは、刑務所や囚人の「あるべきイメージ」であり、その意味では、この反論は一種の規範的主張（「〇〇すべき」「〇〇であるべき」という主張）ともいえる。つまり、「人は殺されるべきではない⇕人を殺すべきではない」と同様に、「囚人は囚人らしく取り扱われるべきだ⇕囚人を囚人らしく扱うべきだ」というように、或る人格の取り扱いについてのルール観念に基づいた主張といえる。これはいわゆる「応報主義（retributivism）」であるが、この刑罰観について少し考えてみよう。

2　応報主義的刑罰とその批判的分析

応報刑の主な特徴として二つを挙げることができる。まず一つは、「同害報復（タリオ）」というものであり、そして、もう一つは、「加害者の優越性の否定」である。

応報主義の起源は、古来の「目には目を、歯には歯を」で知られるハンムラビ法典にみてとることができる。この同害報復の文言だけ聞くと、いかにも前近代的であって近代法に馴染まないようにも感じるが、ここには「他人に痛みを与えるものは、自身も痛みを与えられますよ」という教訓が含まれている。これは、社会一般の人が犯罪を行わないようにさせるための教訓でもあり、同害報復の法は一般予防[47]のための目的刑という面もある。

しかし、目的刑論と応報刑論の違いとして、目的刑はその目的（犯罪抑止や再犯率の低下）において応報的処罰はあくまで手段にすぎず、場合によっては軽い刑罰などでもよいとするのに対し、応報刑論は応報そのものが目的であって――もちろんその付随的結果がよいにこしたことはないが――罪に対する罰が軽すぎることをよしとしない。ゆえに、有能な犯罪者が減刑されて多大な社会貢献をすることについては、目的刑論では肯定されるが、応報刑論では否定される。同害報復を基本的信条とする応報主義では、いくら反省しようが、与えた損害のツケとして、きちんと罰を受けなければならないのである。

このように述べると、応報刑論があたかも前近代的で野蛮な感情論のようにみえるが、しかし応報刑論は罪に対する罰が重すぎることをも禁じるものである。実際、近代の罪刑法定主義者であるイタリアのチェーザレ・ベッカリーアや、ドイツ（プロイセン）のカントなどは、近代的な「人権」の擁護者であったが、「罪に対する罰が軽すぎることも重すぎることもよしとしない」という点ではいずれも応報論者であった。他方、目的刑論は、目的優先のために場合によっては厳しすぎる刑罰もよしとすることが（理論上は）ありえるので、「目的刑論＝人道的」「応報刑論＝非人道的」と簡単に区別できるものではない。

応報主義の刑罰観において見逃すべきでない二つ目の点に「加害者の優越性の否定」というものがある。これは、同じ市民でありながら痛みを一方的に誰かに与えているような社会の在り方を否定するもので、いわば、公平な社会的関係の実現ともいうべきものである。ここには民法上の損害賠償の考え方とも共通するものがある。害を与えたり奪ったりした者がいい暮らしをして、奪われた側が以前よりも悪い暮らしをすることは不公平であるので、公平に戻すような賠償額や措置を法が命じるということもある（ハンムラビ法典においても損害賠償についての規定がある）。たしかに、「法に背いた人が得をする」というのは法の意義を形骸化・無効化するし、まともに法を遵守している側からすればそれは不公平であろう。

批判の分類

さて、このような同害報復や公平な関係性のもとで正当化される応報主義に対し、どのような批判があるだろうか。思いつく限りの簡単なものは、以下のとおりである。

〈応報主義への批判〉

①　二人を殺害した一人に対して、同害報復の実行は不可能である。たとえ、その犯罪者の関係者である罪なき一人（家族など）を殺したとしても、罪なき人は犯罪者の所有物ではなく一人の人格であるためそれは不正である。

②　強姦した犯人に強姦を、とか、虐待したものに虐待を、というのは非人道的すぎる。

③　結局、応報刑であっても公平性や治安の良さといったものがなければ意味がないわけなのでその本質は目的刑である。すると、無意味に重い刑罰を「罪には相応の罰を」といって科すのは不合理である。

これらの応報主義批判について、それぞれその妥当性や効力をみてみよう。まず、①について、たしかに、二人を殺害した一人を殺害しても同害報復は完成しない。たとえ、連座制のように犯人の関係者を一人処刑するというやり方で疑似的に完成はしても（そして実際にそのような刑罰はかつて存在したが）、それはその関係者を犯人の「モノ」扱いしているので人格の尊重という点で、近代法の原則に反したものといえる。ここから、同害報復にこだわるのは不合理であるという主張はそれなりに妥当であるようにみえる。

しかし、これは応報主義そのものを完全否定したことにはなっていないようにもみえる。というのも、ケースによっては同害報復が不可能なものがあることを指摘しても、それが可能なケースについての同害報復が間違っていることを証明したことにはならないからである。それに、厳密な同害報復は不可能でも、その理念に従って同害報復を擬制的に行うことができる。たとえば、複数人を殺害した犯人に対しては、すぐに殺害するのではなく、長く苦しい刑務所生活をしてから死刑を執行することで「およそ数人分」と擬制的にみなすことも可能である（こうした擬制的なやり方は、厳密に損害賠償できない民事のケースでもとられている：「不動産⇕お金」など）。厳密に同害報復できないからといって、それを撤廃すべきという主張はあまりにも極端すぎる話であろう。

　では、同害報復がもつ残虐性・非人道性を批判する②についてはどうであろうか。たしかに「強姦したものには強姦を」というのは、人道的な法とは思えない。そもそも、「同害」の報復というのは「同じ悪」をなすといっているようなもので、それは人間社会の正義の法としてはそぐわないようにもみえる（多くの死刑廃止論者もこの論法をとりがちである）。こうした批判は、人格の尊重を基本とする近代的な法の主張としては妥当なようにもみえる。

　ただし、これもまたそのロジックに欠点を抱えている。というのも、殺人犯の「殺人」と、刑罰の「死刑」は、現象としては「人の生命を絶つ」という点で同じであっても、その意義は異なる。それはちょうど、窃盗犯・強盗犯による「他人の財産の一部をとりあげる」ということと、税務署や収税吏による「他人の財産の一部をとりあげる」というのは、たとえその金額が同じだとしても、その行為の意義はまるで異なるのと同様の話である。意義というのはそれをみる観点によって異なるように見えるものであり[48]、国家の役割を完全否定するアナーキズム的観点からすれば「どちらも同じこと」

なのかもしれないが、国家を頼り、その機能のもとで安全な暮らしを望む市民的観点からすれば両者の意義は同じものではない。もちろん、国家の刑法的機能を期待する市民的観点からしても、あまりにも残虐な刑罰の実施は躊躇われることもあるだろう（実際、死刑賛同者であっても拷問刑には反対する人もいる）。そのときは、刑罰の種類を変更し、擬制的に、「同じような程度」の刑罰を許容可能な形で与えればよい、という意見もある。

では、③についてはどうであろうか。結局、応報主義に基づく刑罰であっても、まったく抑止効果がない場合にはいたずらに痛みを与えるだけのものにすぎない。まずは治安の良さや社会的公平性こそが実現すべきことであるので、「罪に応じた罰を！」とこだわる応報主義者たちは肝心な目的を見失いがちである、と言われるとき、応報主義者はどうそれに答えることができるだろうか。

これはかなり強力な応報主義への批判といえる。もし、応報主義の擁護派が、「市民が、治安や公平性よりも、犯罪者への刑罰を望んでいるんだ！」と主張したとしても、本当に市民がそれを望んでいるかどうかは分からないし、仮に望んでいたとしても、その望みはやはり不合理なものといえるからである。

功利主義

そこで、目指すべきは、社会的治安の維持や高い幸福度であって、刑務所内で囚人に痛みを与えるものではない、という主張が説得力を帯びる。こうした合理主義の一種として「功利主義(utilitarianism)」というものがある。功利主義の祖であるジェレミー・ベンサムは、その基本原理を

「快＝善、苦痛＝悪」と位置づけ、そこから、社会全体の快苦を集計し、苦をうわまわる快の最大化、すなわち「最大多数の最大幸福」こそが正義の法の目的であると説く。[49] たとえば、ベンサムの時代以前は、ほんのちょっとした窃盗行為によってその罪人が腕を切られたり絞首刑にあったりしたし、衛生環境が劣悪な牢獄に収容されるのも当たり前であった。しかし、それは明らかにやりすぎであり、きちんと社会復帰してもらう方が社会全体にとって望ましい。

なにより改善すべきは、窃盗行為が生じるような貧困層の救済であるべきなのに、「罪人には処罰を」といって、自己責任論のもとで犯罪者に痛みを与えるだけでは犯罪はなくなりはしない（加害者も被害者も発生し続けることになる）。まず取り組むべきは、加害者も被害者も出さないような取り組み、そしてなすべくしてなった加害者の社会復帰であって、それ以上に追加的にのせられる「痛み」は無駄であるし、この世界に苦痛を上乗せする点では「正しくない」とさえいえる。

こうしたベンサムの功利主義的主張や、それをベースとした応報論批判はそれなりにもっともらしく、合理的でしかも人道主義的である。これに対し、応報論者は「たしかにそのとおりだが、それなりに厳しい罰というものがなければ、人は罪を犯して、社会的効用は低下するわけで、功利主義が成り立つためにはそもそも応報主義的な刑罰が不可欠だ」と、一般予防論をもって反論するかもしれない。しかし、そのような主張は、もはや応報主義を核とした刑罰論というものではなく、功利主義的な目的刑論とほぼ同じものとなってしまうだろう。では、そこに説得力はどの程度あるのだろうか。

功利主義的に厳罰を擁護する人たちは、「それなりに厳しい罰がなければ人はとんでもない悪事を犯す」という。これに対し、「究極の刑罰である死刑がある国でさえ、強盗や殺人があとを絶たないわけだから、厳罰的な応報には意味がない」という反論がよくなされる。この反論は、たしかにもっともらしく、厳罰主義サイドはいよいよ追い込まれたようにみえる。実際、死刑があるのに強盗殺人をする人はいるわけで、そのケースにおいては死刑という応報刑が抑止機能を果たしていないともいえる。

しかし、それでもまだ、厳罰的な応報主義的目的論を無効化できたわけではない。というのも、死刑のような厳罰的応報刑が効力をもたない個別ケースがあるとしても、それは一般的に効力がないことを証明するものではないからである。死刑の抑止効果の多寡については、個人的資質、あるいは、社会的背景の違いなどがあるが、どうしようもなく未来のみえない犯罪者の意識状態においては「みつかれば死刑になったり、ひどい刑務所暮らしが待つけれども、でも、このままの人生ではどうしようもないからな」といってやけっぱちになって強盗・殺人に手を染めるケースも多いだろう。こうしたリスク愛好的な思考は、ある意味では、普通の人が怖れるような厳罰をも恐れない歪んだ認知状態といえる。しかし、そうではなく、そこそこの暮らしが約束された状況にいる人たちからすれば、「死刑になるリスクもあるし、過酷な刑務所暮らしを考えても、強盗や殺人は割に合わないなあ」と、きちんと厳罰を怖れ、厳罰が抑止効果を発揮するだろう（すでにその効果はある程度発揮されているかもしれない）。すると、厳罰的な応報主義は一般予防論的には意味があり、功利主義的にも正当化されることになる。

このように、功利主義それ自体は、厳罰的な応報主義を否定もできるが肯定もできるわけである。逆に言えば、厳罰的な応報主義が生き残るためには、やはり功利主義と何らかの形で結託しなければ難しいようにもみえる。つまり、議論全体を俯瞰的にみれば――応報主義の正当性を根絶できてはいないものの――市民が望むところの応報それ自体は本質的なものではなく、最終的には、「治安の維持」と「社会的公平性」という社会的目的こそが重要となってくるようにもみえる。

この両者は別個のものであるが、市民の間に社会的公平性がないとき、それが何らかの形で差別的言動やそれへの反発、さらには闘争や犯罪の誘発などを引き起こすこともありうるため、単に予防原則に基づく治安維持だけでなく、社会的公平性の実現こそが社会治安にとって重要な課題ともいえる。もちろん経済格差の解消などはそのためにも有意義なのであるが、たとえそうであっても犯罪は起きる。そのとき、いかに社会的公平性に適った形での刑罰が可能となるだろうか。そして、犯罪者へのなんらかの人道的措置のようなものは、必ずしもそれに反するものなのであろうか。

3　社会と刑罰の「正しい在り方」とは？

刑罰論における社会的公平性を考えるにあたっては、当事者間の「調整的正義」が重要となってくる。たとえば、いくらある程度人々の間で格差が解消されていて「平等な市民」の関係が構築されていたとしても、犯罪が起きることでその平等性は崩れ去り、一方が加害者、他方は被害者となる。加害者がかならずしもプラスになるとは限らないが、少なくとも被害者はマイナスの状態になる。このマイナスを生み出した害悪について、応報論的にそれをおこなうかどうかはともかく、加害者になんらかの罰をくだすことで「清算」する、という考え方がある。

これは事前に犯罪が生じないようにする一般予防論とは異なり、犯罪が起こってしまった社会において生じた加害者／被害者の不均衡を事後的に調整し、加害者を被害者の上に立たせないようにするものである。そうして調整した結果、「公平な秩序の回復」「平等な人間関係の回復」が実現されることが目的とされるものなのである。

しかし、だからといって加害者である犯罪者を刑務所に収監するような――そして苦役させたり、場合によっては死刑を科したりする――刑罰がかならずしも当事者間の不均衡な関係を是正するものかといえば、そうは思えないところもある。

加害者の立場を、貶められた被害者の立場に合わせる形で埋め合わせようとも、それは悪平等にすぎない。もちろん、だからといって、お金をもった加害者が犯罪後にアップグレードによって快適な暮らしを――しかも、時に犯罪被害者よりも快適な暮らしを――するのは、やはり加害者と被害者の関係でいえば歪な印象もある。お金をそれなりに持ち合わせた加害者である囚人が、「これは自分と刑務所の問題だから」といって、被害者に苦痛を与えたにもかかわらずアップグレードした部屋で悠々とすごせるような社会に、正義や市民的公平性があるようには思えない。それはあたかも、かつての貴族階級が庶民を不当に迫害したのち、「悪いことをしたので、自分のところの屋敷のなかにしばらく閉じこもって神に懺悔をしますね。あ、でも夜はワインを楽しみますけど」といっているのと大差はないだろう。犯罪者の処遇については、被害者を含んだ社会全体の問題であって、個々人の資産による経済的解決をそこに持ち込むべきではない。それは被害者不在の、歪で不公正な在り方である。

仮に加害者の資産を活用するとするならば、加害者である囚人の保有するお金が被害者のために使われるべきであろうし、刑法上にもそうしたシステムが導入されることが望ましい。というのも、民法上の訴訟では被害者がそこに参加する負担も大きいし、加害者側が有能な弁護士を雇うことで被害者が十分な賠償金の受け取りを認められないこともある。もちろん、建前上は法の下で誰もが平等であるのだが、実際は経済格差によって弱者が泣き寝入りするのはよくある話である。ましてや、被害者が弁護士を雇って裁判で戦うコストを背負うことなど本来は不要なはずである。それに、民事上の裁判で被害者が勝利したとしても、加害者が素直に支払わないケースもある。そこで、加害者側の刑法上の有罪が確定した場合、それ以降は被害者の恩恵となりうるシステムを導入する方が望ましいだろう。

たとえば、収監されている囚人が減刑や恩赦を希望したり、あるいは部屋のアップグレードをして快適に過ごそうとするならば、犯罪被害者の同意を必須条件としたうえでその対価分の金額を被害者にも支払うシステムの方が、被害者救済という点ではまだましであろう。もちろん、犯罪被害者にとってはお金だけで済むような心理状態ではない人もいるだろうし、すぐに出所してほしくないという気持ちを持つ人もいるだろうから、恩赦やアップグレードなしで刑期めいっぱいの収監を被害者側が望むのであれば、囚人がいくら支払いを望もうとも通常の刑務所暮らしとしてもよい。こちらの方が、よほど被害者の人格を尊重し、被害者の立場を、単なる犠牲者から、交渉・許諾の権限をもった当事者とするようなものといえるのではないだろうか。[50]

従来の司法の在り方も、被害者とは無関係に、刑務所内で勝手に国家から刑罰を与えられているだけであり、それは被害者救済としてはあまり意味がない。ましてや、被害者が介在しないところで、模範囚だからといって刑期が短縮されたり恩赦になるというのは、たとえ功利主義的に「快」が増大しているとしても、被害者はおいてきぼりであるし、被害者の地位回復、ひいては社会的公平性の実現に寄与しているとはいえないものである（それに、それで被害者の心理的苦痛が増大したり、一般市民が犯罪者の早い釈放について不安になるというのであれば、その恩赦システムは功利主義的にも問題があるといえる）。

こうした現状のもとでは、いくら刑罰による社会的関係を回復しようといっても、そもそもの被害者が軽視されているように思われる。犯罪の当事者が加害者と被害者であるならば、罪刑法定主義の基本的ラインは守りながらも、その後の在り方については被害者の意向も重視されるべきであろう。ゆえに、囚人部屋のアップグレードの問題というのは、お金をもっている囚人とお金を稼ぎたい（民営化してゆくような）刑務所側との売買契約を超えた、刑務所の外側の被害者までも含む、公共圏の問題として考えるべきであるように思われる。

こうした問題意識は、最近の修復的司法にも通じるものがある。修復的司法（restorative justice）とは、犯罪によって生じた害を修復することによって司法の実現を目指す活動のことであるが、それは加害者側の刑罰や救済ばかりに向きがちであった目を、被害者にも向け、個々の問題としてだけでなく、共同体全体の問題としてそれをとらえようとするものである。修復的司法においては、被害者は自身が巻き込まれた犯罪に関する情報を得て、正しく事件を認識し、発言の機会を保障され、ときに加害者との和解方法を模索するが、その支援は、両者を包摂する「公共」の取り組みとして行われる。つまり、犯罪を、「加害者と被害者」とか「犯罪者と刑務所（国家）」というような二項対立図式のみでとらえるのではなく、公共の問題としてその犯罪を理解し、より良き社会の実現を目指すわけである。

刑務所は犯罪者を市民から隔離する施設であるが、刑期というものがある以上、死刑囚や無期懲役刑でない囚人の多くは公共圏へと再度立ち戻る。そうであるのに、刑務所は刑務所、一般社会は一般社会という形で断絶し、相互の情報交換もなにもないまま、いきなり元囚人が一般社会に放り出されるとどうなるであろうか。

一般市民からすれば、「どうせまた犯罪をするんだろう。近づきたくないなあ」とびくびくするであろう。元囚人からすれば、たとえ本当に反省して出所しているとしても、世間の冷たい視線にさらされて仕事にもつきにくいまま、孤独に耐え切れずに再度罪を犯し、残りの人生を刑務所と娑婆との往復に費やすかもしれない。だからといって、刑務所を悲惨な居住環境にしたところで、結果は同じである。刑務所には戻りたくないが、娑婆にも居場所がなければ、「もうどうにでもなれ」とばかりに再犯へと傾くのは想像に難くない。そこで社会復帰プログラムとして興味深いアメリカの事例をみてみよう。

4　元囚人向けプログラム

アメリカのリッチモンドは先駆的な犯罪者更生プログラムとして、一ヵ月およそ一〇〇〇ドルを元囚人に対し「犯罪にコミットしないこと」を条件に支給することにした（最大一八ヵ月まで）。これは、元囚人たちが社会復帰して仕事をしながら、そのお金を貯蓄し、将来のヴィジョンを描くためのものである。実際、この導入によって殺人件数は半減したと当局は述べている。[51]

これについては、「多くの市民は犯罪に手を染めることもないのにお金はもらえず、その一方で、犯罪の加害者のくせにお金をそんなに受け取るなんて不公平ではないのか？」と感じる人もいるかもしれない。それに、そのお金目当てに、初犯への心理的ハードルがさがってしまうかも、という懸念もあるだろう。

これに対しては、そうした悪質な犯罪者に対しては支給しないとか、修復的司法のもとで犯罪者の様子をみながら更生が十分とみなせない場合には見合わせるとかいった留保をつけることで対応できるであろう。しかし、それでも、「囚人部屋のアップグレードにも違和感があるのに、ましてやこの更生プログラムというのは、どう考えても犯罪者優遇のやり方じゃないか」という批判もあるかもしれない。しかし、囚人部屋のアップグレードと、この更生プログラムでは、似ているようでその性質が異なるものであることには注意が必要である。

囚人部屋のアップグレードの話は、刑務所の民営化のもと、「囚人＝顧客」「刑務所＝企業」としながら、商業主義を刑務所に持ち込むようなものである。これは、公共とは無縁のところにいるお金持ちの囚人と、公共圏にいる一般市民との断絶を深める。

他方で、更生プログラムは、公共圏における一般市民と（元）囚人との断絶を回復するためにある。刑務所にいる囚人であっても——もちろん、ある程度の条件を満たした模範囚ではあるが——市民の仲間入りをするために、働きながらさらにそのプログラムに参加しつつ貯金をすることで市民感覚を醸成してゆくことが一般市民に立証できれば、市民の側の差別的偏見も緩和され、次第に信用してゆけるのではないだろうか。両者は同様に「お金」に関わる話とはいえ、その方向性は異なるものといえる。

この更生プログラムについては、「金ほしさに一般市民のふりをする人向けのサービス」としてこれをとらえるか、「市民の仲間入りをするための奨学金プログラム」としてとらえるかで解釈は異なるであろう。そして、前者ではないことが証明されるような方策が必要であることには違いない。しかし、元囚人の社会復帰に対して常に疑念の目を向けながら、なにも方策を講じることなく、「犯罪をする奴は根がくさっている。そんな奴らに金をあげるべきではない」といって地域の犯罪発生率が高いままにしておくことが、本当に公共のための考え方であるようには思われない[52]（もちろん、支援金目当ての犯罪者や、プログラム参加中の再犯者は厳しく罰し、そのお金を労働によって返却してもらうくらいの措置はとるべきであろうが）。

たしかに、「普通の市民はそんなプログラムがなくても犯罪に手を染めないのに」という意見はもっともであるが、公共圏は一律的な「普通の市民」によって構成されているわけではない。未来がみえず、犯罪に手を染めやすい環境で育つ人もいるし、つい出来心で流されてしまった人や、仕事や人間関係のストレスから正常な判断能力を一時的に失った人もいる。

この取り組みは、そのように失敗してしまった人たちに対して共存への道を開くものであるし、もしそれがうまくいく形で社会復帰できるのであれば、この取り組み自体には意味があるだろう。そしてそれを、修復的司法などと組み合わせることができれば、「前科者と一般市民」といった、乗り越えがたいように思われていた在り方も、「一般市民になろうとする者とそれを迎える一般市民」といった在り方へと変化してゆくであろう。一部のリベラル派による荒唐無稽な犯罪者擁護はたしかに被害者軽視のようにみえるが、それは別としても、市民は許せない気持ちや怒りを抑制し、しかし、被害者の意向なども踏まえながら、共にこの問題に向き合う必要があるようにも思われる。それこそが、公共圏の再生への一歩となるだろう。

第Ⅲ部

根本的な問題

思想的背景から解決へ

第7章　そもそもリベラルとは何か

1　「異なる他者」との共生は建前でしかないのか？[53]

「多文化共生」や「異文化交流」が声高に叫ばれるようになってずいぶん経つように思われる。現代においてはグローバリゼーションがかつてないほどに進み、異なる文化圏の人との取引は当たり前となり、国境を超えた移住や旅行も頻繁に行われるようになった。

異なる他者や社会に対して偏見をもつのは、その人間性や尊厳を認めようとしない点で反倫理的であるし、また、そうした偏見は、異文化の良さを理解したり、さまざまな経験を積んで知的に成長できるチャンスを阻害するものである。つまり、多文化共生への訴えは、単なる倫理的なお題目というだけでなく、合理的な指針ともいえる。それを推奨する立場は総じて「リベラル」と呼ばれている。

一般的にいうところの「リベラル」とは、①凝り固まった偏見からの解放を訴え、そして、②それぞれが異なる他者に対して「寛容」となり、③格差是正や差別解消のもとで他者との共存を推奨する立場である。そして、この「リベラル」は、社会的弱者や差別・偏見の対象であるような人々の意志や選択を尊重するという点で、基本的には、異なる価値観の人々の思想・言論・選択の自由を認める

「リベラリズム（自由主義）」の立場でもある。

さて、そのようなリベラル派においては、異なる文化圏の人たちとの「共生」「交流」を謳い、超国家的連帯の理念を掲げる人が多いが、身近な公共圏[54]における共生・交流を日頃から（少なくとも同じ程度には）重視し、意見の異なる隣人の自由を尊重しているかといえば、若干疑わしいケースもある。

たとえば、頻繁に海外の人とビジネスをしたり、海外旅行にいって「違う価値観をもったいろんな人と交流するのはいいことだよね」とのたまう人たちは、常日頃から同じ気持ちで——つまり敬意と尊重の姿勢で——そこまで気の合わない職場の同僚に対してきちんと接したり、インターネットで異なる意見の人たちと丁寧な交流をしているのだろうか？　また、政治的スタンスについて、他国の人々との違いについては「まあ、考え方はいろいろで、多様性は尊重しないとね」といいながら、国内で異なる政治的意見をもっている人に対しては「バカじゃないの？」とか「あなたみたいな人とは話をするだけ無駄！」と揶揄してはいないだろうか。遠い国の異なる人たちの多様性は尊重しても、異なる隣人に対してはそうでもない、ということはないだろうか。

もちろん、自身が暮らす場所の在り方に直接関わるので、隣人の政治的意見には敏感に反応することもあるのかもしれない。しかし、直接的にではないにせよ、他国の人々の価値観やスタンスだって国際情勢に影響し、その波は自分たちが暮らすところに届く（それこそがグローバル化のもとで「繋がっている」ということなので）。ゆえに関係の遠近をもって、遠い他者の価値観はありのままに許容し、近い他者の価値観には厳しい目を向けることを正当化することは難しいように思われる。

そもそも、リベラルであるということは自国のみに固執することなく——ゆえにリベラルは、自国の利益にのみ固執する偏狭なナショナリズムを批判するのであるが——この世界をよくするための「理」にこだわるはずである。それは、旧来の不合理から脱却し、本当の意味で自由になるというスタンスであり、だからこそ、それは他国か自国かにとらわれるべきではなく、是々非々であるべきだろう。

もっとも、リベラルにおいても、当事者たちの自治的な観点（集団的自律）からナショナリズムを認める余地はある。「他国にはそこでの人々の公共圏や政治が、自国には「われわれ」の公共圏や政治がある」などと言って、だからこそ他国よりも自国の隣人たちの価値観に対して厳格な批判の目を向けるということを正当化する人もいるだろう。

ともあれ、現代のリベラルは、人々がグローバル化のもと、自国はもとより世界において自由に活動し、いつでも誰とでも自由に繋がれる「個人」であることを推奨しているように思われるし、だからこそ、そうした個人を束縛しようとするナショナリズムや集団意識に対しては批判的であることが多いように見受けられる。しかし、意見の異なる隣人がその思想・表現の自由を行使しようとする段になると、「バカなことをいうな！」と叱責したり、「議論する価値もない」といって断罪し、そうした他者を公共の言論空間から追放しようとする姿勢がときに見受けられる。「正しいことを主張する」側であるリベラル派は、伝統的思想を重視したり古典的な表現の自由を推奨したりする（自由主義的な）反リベラル派に対して集団的に攻撃したり排斥しようとしたりする場合、「彼ら（反リベラル派）は勉強不足だ」とか「古い考えに凝り固まっている」といって、自らの知的水準の高さや教養をもって異なる意見をやりこめようとすることがある。しかし、そのやり方は本当に共生において必要な「寛容」という徳をもっているのだろうか。[55]

2　リベラルとリベラリズムの違い

自由を推奨するはずのリベラル派の主張がなかなか国内での理解を得られずに、逆にそれと対立する保守派やナショナリズム的な考え方が多くの支持を受ける現象は、いくつかの政治的場面でみることができる。

そんなとき、リベラル派のある人たちは「この国は、海外の先進国に比べて遅れている」とか、「大衆は流されやすく、思考することを放棄している」とか、「社会不安がそうした間違った集団心理となっている」といって、一方的な批評や、都合のよい精神分析などをもって、異なる意見をもつ大衆を揶揄することもある。ひどいときは、「間違った思想にとりつかれたあいつら（自分たちの論敵とその支援者である市民）には表現や言論の自由を与えるべきではない」とまで言い放ったりもする。現代的な多文化共生を訴え、古い価値観を打破する自分たちリベラル派こそが真なる自由の担い手であると標榜してはいるが、その姿勢は、かつて少数者が多数者を支配していたときのような、エリート階級による抑圧的社会を彷彿とさせる。

もちろん、そうした過激にもみえるリベラル派の主張にも一理ある。というのも、そうしたリベラル派が異なる意見を糾弾するような排撃的態度をとってしまう背景には、この自由主義的な社会というものが望ましいものだけでなく、よろしくないものまでも包摂してしまい、その結果、「公共」の問題を自浄しきれなくなってしまっている、という事情があるからである。ここには、思想史における「リベラリズム（自由主義）」と、その後に到来した「リベラル」とのズレという問題をみることができる。

従来、政治的スタンスとしてのリベラリズムは、政治権力の抑圧から個人を守り、個人の身体・財産・思想・表現の自由の保障を求める近代市民社会の理念そのものであった（ロック、モンテスキュー、ジョン・スチュアート・ミルなど）。しかし、そうしたリベラリズムが普及した社会は、必ずしも理想の社会というものではなかった。

思想史的には、「近代」とは「啓蒙（enlightenment）」の時代である。人々は古い伝統や偏見といった不合理なものから逃れ、理性に目覚めて自由を獲得した時代、そして、自由な個々人たちが民主主義のもとで一致団結し、苦しみのない幸福な社会を築いてゆける時代といわれるが、建前上はそうでも、実際はそのようにうまくいったわけではない。近代になっても、人は何らかの偏見や頑なな思い込みにとらわれなくなったわけではない。それは、救済されるべき人をみようとせず、真なる自由に無頓着なまま、ただ「政治権力からの分かりやすい干渉が少なくなった」ということを喜んでいるだけの不完全な自由社会にすぎなかった。当然、そうした社会は、真の幸福へと続くものではない。社会的弱者は相も変わらず、差別や困窮といった鎖に縛られ、そして、そうでない人たちはそれをよしとする冷淡さや、みせかけの自由という思考のくびきから逃れてはいない。

こうした状況下、その思考の枷《かせ》から人々を解き放つと同時に、抑圧的状況のもとで生活していた社会的弱者を解放する新時代の担い手として登場したのが「リベラル」であった。このように登場したリベラル派からすると、旧来のリベラリズムやその後のネオ・リベラリズム（ネオリベ）[56]は、不自由な自由主義でしかない（この文脈において、古典的なリベラリズムは右派である一方、現代的なリベラル派は左派として位置づけられる）。

リベラル派の特徴としては、政治的な「自由」に加えて、旧来の不合理なものからの「解放」というものもあるが、その解放運動は本来、旧来の不合理な偏見が否定・拒絶していたさまざまな価値観を許容する「寛容さ」を訴えるものであった。リベラル派は、「不寛容な従来の偏見や慣習は不合理であり、その不合理さこそが、個々人が享受すべき真なる自由を否定する社会をつくってきた」と主張しながら、さまざまなものに寛容となることで、誰もが真なる自由を享受できる合理的な社会をつくることをその使命としてきた。

こうしてみると、リベラル派は間違ったことを主張しているわけではない。実際、古典的なリベラリズムの延長線上において、それが取り組もうとしなかった課題に取り組もうとしたのがリベラル派であって、理念上、「多様性」や「個人の自由」を推奨するという点では自由主義と同じであったはずである。しかし、多少なりとも古典的リベラリズムが招いた弊害に対応しようとするリベラル派においては、どのような自由を強調するかについて古典的リベラリズムとのズレが生じ、それが、公共圏におけるリベラル派vs.反リベラル派の対立の構造を形作っている。

たとえば、経済に関するリベラリズムにおいては、自由市場の結果としての格差は許容すべきものである。しかし、リベラル派は、生まれつきの能力差や運のよしあしなどで生じた経済格差を放置することで社会的弱者がそうではない人たち以上に暮らしにくい状況をそのままにしておくことは許容できない、と主張する。

また、思想・表現の自由に関するリベラリズムにおいては、多少過激な性的表現であろうが異なる価値観に対する揶揄であろうが許容されるべきである。しかし、対するリベラル派からすれば、それがある人達の傷つきやすさに触れる形で痛みを与えたり、何かの揶揄が社会に蔓延することである種の人々が社会のなかで息苦しさを感じるのであればそれは規制されるべき——そしてその規制は、傷つきやすい人や息苦しさを感じる人たちをそこから解放して自由にするもの——となる。総じて、リベラリズムと対立するリベラル派は、社会のなかで生じたズレや歪みを矯正することで、バランスのとれた自由の実現を目指す立場といえよう。[57]

3　リベラルであることの難しさ

しかし、思想・表現の自由の擁護派であるリベラリズムに対し、ときにリベラル派は「思考停止」や「ネオリベ」と罵倒し、従来守られるべきものとされてきた思想・表現の自由を抑圧しようとする態度をとることもある。その一つが、二〇〇〇年代以降に特に注目されてきた、「キャンセルカルチャー（cancel culture）」というものである。

キャンセルカルチャーは、個人・企業・団体の問題ある言動をとりあげてその反道徳性を指摘し、その活動に対してネガティヴキャンペーンを張ったり、社会的地位を失わせることで相手の影響力を無効化したりするという手法もしくはそうした傾向である。たとえば、ある芸能人や政治家が過去にSNSで差別的な投稿をしたことをあげつらい、その芸能活動や政治活動をボイコットするよう人々に働きかけたり、彼らが所属する芸能事務所や政党に「あんな人を所属させているってことは、差別を肯定しているってことですよね？」と圧力をかけ、所属機関や雇用関係からの排除や失職を求めることなどがこれに該当する。そこには、「表現や思想の自由があろうが、それは許されるものではない」という規範意識のもと、「キャンセルをする側の表現の自由は正しいものであるので、その糾弾や結果としての相手の失職などは自由の範囲内である」とばかりに相手を非難・攻撃し、自身の望む政治社会を実現しようという運動の側面がある。

もちろん、こうしたキャンセルカルチャーには負の側面だけでなく正の側面もある。たとえば、差別的言説を唱えるような教員を雇っている学校に我が子を通わせたいと思う親はいないであろうから、そうした教員がいる学校が明らかにされ、注意が喚起されたり、学校が何らかの対応をしてくれることは社会的には望ましいように思われる。また、ハラスメント的行為を放置したり、公共の福祉に反するような企業が勢力を伸ばすのは望ましくないので、どこがそうした企業であり、それがどのような製品を出しているのかを社会的に明らかにするという点でも、キャンセルカルチャーが社会に寄与する点は決して小さくはない。

ただし、キャンセルカルチャーが、自身とは異なる政治的意見の持ち主に対する粗探しやレッテル貼りの手段として濫用されると、それは市井の言論を萎縮させてしまうし、相手の経済活動の妨害となりかねない。ボイコットの影響で、その相手が所属する企業や団体などに苦情の電話が鳴りやまないほどおしよせて通常の業務に支障をきたしたり、その相手の――とりわけ差別的言動とは無関係なところでの――経済活動や日常生活が破壊されてしまうとすれば、それがいかにポリティカル・コレクトネス（political correctness）[58]を伴うキャンセルカルチャーであっても、刑法的な侮辱罪や名誉棄損罪、あるいは、民法的には損害賠償や慰謝料をともなう不法行為となってしまう可能性はある。

さらに、皮肉なことに、こうしたキャンセルカルチャーを行使する側は、ネオリベ的な（つまり、格差社会やそこから生まれる差別や偏見を容認するモラルなき自由主義のような）社会には批判的な姿勢をとってはいるものの、対話と議論によってより良き社会を作ろうとする――異なる相手に対する寛容な姿勢をみせる――よりは、気に入らない相手を経済的に追い詰めたり、社会から排除することで自分たちの望む社会をつくろうとする「勝てばよかろう」といったネオリベ的なスタンスに近いようにもみえる。実際、政治的正しさを求めるリベラル派とは逆の人たちも、キャンセルカルチャーの手法を行使することによってリベラル派を攻撃することもある。自国の戦争責任を追及したり、自国の政治や伝統文化を批判したりする教員や文化人に対し、その言動に「売国的」というレッテルを貼ってそれを喧伝し、相手の所属する学校や出版社に苦情を入れたり、ＳＮＳでそれを広めることでその経済活動にダメージを与えて、相手の政治的影響力を無効化することも行われている。

結局そうした手法は、「言論の自由」を駆使して、相手の活動にダメージを与えることで、相手の言説の無効化を目指して言論市場・経済市場からも淘汰しようとするような、（本来リベラル派が批判するところの）悪しきリベラリズム的特徴をもっているのである。ただし、言論の自由を前提としているとはいえ、そこで行われるのは、相手を淘汰したり、退場させるための運動であり、それは健全な言論の自由とは言い難い。[59]公共的な議論であれば、それとは独立的に、言説をもって対話と議論が必要なはずであるが、「愚かな相手にそんなことをする義理はない」とばかりにてっとりばやいキャンセルカルチャー的手法に頼った結果、営業妨害や不法行為ぎりぎりの非難合戦やネガティヴなキャンペーンが蔓延ってしまったといえる。

一部の過激なリベラル派は、対立する相手方の思想・言論の自由を口汚く罵って否定しながらも、「間違った言説を批判する自分たちの表現の自由だけは抑圧の対象とはなりえない」とばかりに――それはあたかもエリートしぐさのように――振舞うことがあり、その自己中心的なスタンスが批判されることもある。もっともそうした批判に対し、当のリベラル派は「われわれへの批判は、トーンポリシング[60]をもって、こちらの発言の正当性を損ねようとする不当なものにすぎない」と反論することもある。ただし、公共圏において理知的な議論を行うにあたって、異なる意見の他者に対しても或る程度の敬意を抱き、大声や罵声をもって相手の発言を妨害することをしてはならないのは、ユルゲン・ハーバーマスがいうところのコミュニケーション的合理性が要請するところでもある。「自分は相手よりも理知的なんだから、相手の言い分なんて気にかける必要はないのだ」といった過激な態度は、それが保守派であろうがリベラル派であろうが、やはり公共圏における議論の担い手としてふさわしい態度とはいえないものである。

そもそも、議論にとって悪質なトーンポリシングとは、議論の本質とはかけ離れたマナーなどにいちゃもんをつけることで本質的なところでの議論内容を無効化しようとするものである。そのようなトーンポリシングと、公共的な議論にとって障害となりうる過激な攻撃的態度への批判を同一視するのは、自身の不寛容さを隠蔽するかのようなすり替え論法にすぎない。公共を論じるにあたり、その不適切な姿勢を批判されているにもかかわらず、「それはトーンポリシングだ！　自分は正しいことを言っているのに！」といってその批判を無効化しようとするのは、「正しいことを言っている自分はどんな振舞いをしてもいいのだ」というような乱暴な言い草であり、公共に参画するにあたって理知的な態度とはいいがたいものである。なかには、「正しいことを言っている自分を非難するなんて！　それは、正しくない相手を利するような言説だ！」といって、自身の間違った態度を省みず、「敵／味方」の論理をもって、それを指摘した相手を糾弾する人もいるが、それこそが一種のトーンポリシングであって、自身の改善すべき点から論点をそらそうとするものといえる。

もちろん、こうした態度はリベラル派特有のものというわけではない。反リベラル派においても、論敵に声高に罵声を浴びせ、その批判に対して無効化を試みることで自己免責をはかる人たちは当然存在する。この点では、そうした態度は個々人の問題にすぎないこともあるだろうが、より先進的で寛容で理知的であるはずのリベラル派がそのような徳に欠けた態度をとってしまうのはやはり残念なことではある。

ただし、ここには社会的なバランスをとろうとするその営みそのものの難しさや、なかなか理解してもらえないことへの苦悩などもあるように思われる。私としては、リベラル派の理念が無意味であるとは到底思えないし、むしろ、格差や差別を解消するための社会的プロジェクトに——自身の貴重な時間やリソースを使いながら——真摯に取り組もうとする姿勢は尊敬に値する。なぜなら、そうした取り組みこそが、みえにくい社会的分断をみつけ、公共圏の再生に寄与しうるからである。

ただし、多文化共生をよしとし、異なる他者との共存を訴え、他国の人々の価値観を大事にしようと普段から主張しているそうした人たちが、その一方で「隣人への寛容さ」を忘れて徳のない振舞いをするのは、どこかチグハグ感がある。もちろん、他国の人々の価値観を尊重し、異文化交流においてそのことを念頭に置くのは大事ではあるのだが、すぐ傍にいる隣人たちを小馬鹿にしながらそうした「異なる他者との共生」を唱えても、それは足元をおろそかにしていると言わざるを得ない。それは、あたかもグローバリズムに染まったネオリベ信者が、身近な隣人の苦しみや格差に無頓着なまま、自由の素晴らしさを賛美するかのようなものであろう。「共生」を論じるにせよ、「自由のもとでの幸福」を論じるにせよ、それが「公共」の話であるならば、遠い国の他者だけではなく、近くで暮らす——多少嫌なところもある——実際の隣人も関わりあってくることについては、腹をくくるしかない。

いずれにせよ、公共の事柄を論じるにあたっては、自身のスタンスを理解し、他人とどの点で一致していながらどの点で異なり、どういった連帯がどこまで可能であるのかを、冷静に模索する必要があるだろう。そして、そのためにも、対立する議論相手でさえも自身と同等な人格として尊重し、その声を封じることなく、きちんと対話しようとする寛容の徳が今こそ必要であるように思われる。

もちろん、そうした徳に立ち返ればすべて解決できる、というわけでもない。異なる意見をもっている人たちと丁寧な議論をするのは疲れるし、その忍耐にも限界がある。「これ以上はもう相手と議論したくない！」ということもあるだろう。そのときは、一時的とはいえ、民主主義のシステムに委ね、政治的な意志決定にまかせるより他はないのかもしれないし、その結果、腹立たしい状況が続いてしまうこともある。しかしそれでも、思想・言論の自由があり、議論が開かれている限り、リベラル派の賛同者が増え続けることで状況が好転するかもしれない。そのためにも、思想・言論の自由はやはりできる限り広く許されていなければならないし、自分とは異なる考え方の——そして、多少イラッとさせられることもある——「他者」へ、その真摯な想いを伝えるためにも、やはりリベラル派においてこそ或る程度の寛容の徳が不可欠であるように思われる。

第8章　思想的な対立を乗り越える——公共の再生

1　ルソー以降の思想的課題

さて、これまでは経済格差、学歴偏重主義、外見差別、年齢差別、元犯罪者への偏見、リベラリズムとリベラルとの対立など、身近にあるさまざまな格差や差別的偏見をみてきた。それでも社会が成り立っているというのは或る意味ではすごいことではある。

しかし、いろいろ山積する社会的問題を解決しようとしても、格差や差別によって人々の利害関心が分断された状況では、或る人々にとって切実な問題であってもその他の人々が無関心であることも多く、ゆえに解決に手間取ったり、そもそも解決そのものが放棄されたりもする。それをなんとかしようと、それぞれの社会階層や人種の代弁者たる政党や政治勢力が立ち上がるも、それぞれの利害関心の対立が反映される形で党派同士が対立し、不毛な議論となるケースが多い。そのような状況では、ともに連帯し、より大きな問題に取り組むことなどできようもない。というのも、そうした分断的状況のもとでは、話し合いでコンセンサスを形成するよりも、それぞれの党派的な政治力に頼りがちとなるので、それぞれの政治的意見が拮抗したまま何も決まらないか、あるいは政治力が強い党派が強引になにかをやって、あちこちにしこりを残すという具合だからである。

　仮に求心力のあるリーダーが登場したとしても、人々の政治的ニーズが分断され、誰もが他者に冷淡であるならば、結局そのリーダーは中身の薄いポピュリズム的政治を展開するだけであろう。ゆえに、こうした状況を打破するには、人々がその問題を「自分たちのこと」として捉える必要がある。それこそが、公共心を復活させ、共通善を実現する、ということなのである。

　このての主張をした近代思想家として有名なのは、やはりジャン＝ジャック・ルソーであろう。ルソーは、同時代のイギリスの代議制（間接民主制）を批判したが、それは、代議制によって選出された代議士（議員）は単なる代理人にすぎず、公共的意志よりも、個々に自らを支援する利害関係者の意志にそった政治をするという理由からであった（『社会契約論』一四三―一四四頁）[61]。

　そこでルソーは、市民は代理人まかせにするのではなく、公共的意志に目覚め、直接的に政治参加することを提唱した。ルソーがいうような直接民主制の方が必ずしも優れているとは思わないが、しかし、政治を動かす意志は人民のものであるというのは賛同できる。また、人民は、自身の利害ばかりを実現しようとする特殊意志ではなく、自らを共同のものとし、個々の人民を分割不可能な全体の部分とみなすような一般意志のもと、全体の利益の実現を目指そうとすべき（前掲書二九頁）というルソーの思想には大いに首肯するところがある。

　一見すると、公共や一般意志に関するルソーのこうした主張は、全体主義や共産主義の元型ともとらえられがちである（実際、ヘーゲルの国家論はそれに影響をうけ、さらにその進歩主義的な歴史観はマルクスに影響を与えもしたのだが）。しかし、ルソー自身は、公共の名のもとで人々の自由を管理しようというのではなく、むしろ、公共を一つの結社とし、その結社の力のもと、可能な限り多くの人々の自由と平等とを実現させることを考えていた。それは以下の箇所からも読みとれる。

「各構成員の身体と財産とを、共同の力のすべてを挙げて防衛し保護する結社形態を発見すること。そして、この結社形態は、それを通して各人がすべての人と結びつきながら、しかも自分自身にしか服従せず、以前と同じように自由なままでいられる形態であること」。これこそ根本的な問題であり、社会契約がそれに解決を与える。（前掲書二七頁）

ルソーが念頭においていたのは、異なるけれども対等な市民であったのだが、ここに、社会を管理するための「理性」が入り込み、ヘーゲル哲学のようなシステマティックに完成された国家論や、マルクス思想のような科学主義的な社会主義へと繋がっていったという思想史的解釈もできる。つまり、「みんなのため」の政治体制は、誰にとっても正解となる「理性」の導きのもと、合理的な知的エリートとしてのリベラル派による管理社会へと変形していった、ということである。

他方、多様な個々人のさまざまな関心や思想を肯定するリベラリズム思想もある。ジョン・スチュアート・ミルが提唱した思想・言論の自由や、アイザイア・バーリンの消極的自由など、多様性への理解と寛容な姿勢が提唱されるようにもなった。しかし、そこでは肝心の倫理性や公共性は置いてきぼりにされ、自由な経済的利益の追求が肯定されるなかで経済リベラリズムと資本主義が台頭し、「格差」「差別」が蔓延るようになったということもある。

こうした思想的潮流のなか、資本主義における格差問題においてマルクス主義・共産主義はイデオロギー的闘争のなかで労働者側に立ち、資本家やそれを支援する政治家との対立を深めたが、次第にそれはエリート主義的で全体主義的なものとなって求心力をなくし、冷戦後はその力を失っていった。では、冷戦後も生き残った資本主義やリベラリズムが格差問題や疎外への対応をうまくやれたかといえば、そんなことはない。相も変わらず、経済格差・社会格差は残り続けた。それに、マイノリティの権利も放置され気味であったし、民主主義はそうした状況を肯定さえしているような有様であった。

そうしたなか、いかに正義を実現できるかというジョン・ロールズの『正義論』[62]（一九七一）などが登場した。彼によってあらゆる先入観や文化的価値観を超越した、理性的思考のもとで自由と平等のバランスがとられ、多くの人にとって公正な社会の実現を目指す社会契約が提唱された[63]。ロールズの社会契約論は、全体主義や共産主義、あるいは国家主導の功利主義と異なり、個々人の自由をベースとしながら、多種多様な個々人の生を許容すると同時に、経済リベラリズムが見過ごしがちな格差解消を実現しようとする公平な社会の構想であった。

2　サンデルのコミュニタリアニズム（共同体主義）

しかし、サンデルは、そうした中立的（ニュートラル）な正義論に対して懸念を示す。というのも、ニュートラルな「正」のもとで社会を構想しようとしてもそれは実際にその社会に寄与するものとはなりえないからである（ロールズ流の、最底辺層への富の分配や社会保障などのメリットは認めるにしても、それが公共的意識を回復するとは限らない）。むしろ、そこで生きている人たちが重視する「善」を取り扱いながら、共通善を模索することをサンデルは推奨する。

こうした論争は、「リベラル・コミュニタリアン論争」[64]といわれるものである。ここではその是非を問うつもりはないし、そうした議論には相互補完的なところもあるが、とりあえずは、これまでの議論を踏まえ、サンデルの文脈にそった形で話を進めてゆきたい。

サンデルにとっての「公共の問題」というのは、その共同体の問題であり、その共同体にすでにある価値観を前提としたうえで――それに肯定的であるにせよ批判的であるにせよ――考えられるべきものである。その足場をなくし、中立的な立場で結論をだそうとしても、その場しのぎの妥協的な結論しかだせず、それは何かの拍子ですぐにひっくり返る。これはいわば「政治的空白」ともいえるものであるが、ここに忍び込んでくるのが、商業主義を振りかざす経済リベラリズムであったり、派閥の権益を守ろうとする党派主義やそれと結びつくアイデンティティ・ポリティクス[65]であったり、あるいは、多数派の不満や怒りを請け負う形で成立しがちなポピュリズム[66]であったりする。これらの台頭は格差や対立を招くことはあっても、連帯して公共の問題に取り組むまでには至らない。当然、そこでは共通善が意識されることもなく、力を合わせれば解決できるはずの問題も放置されがちとなる。

とりわけ、共通善が意識されないところでは、そこでの文化やアイデンティティは脆弱性を抱えることになる。というのも、そこに自由主義や商業主義が入りこみ、人々の価値観を支えている（そして同時に人々によって支えられている）ところの文化が、相対化され弱体化してゆくからである。

もちろん、商業主義であっても文化保護に取り組むことはできる。しかし、そのやり方は、「文化」という商品化されたもの——あるいは、商品として相対化されたもの——を扱うことであり、金銭的価値とは独立した文化そのもののユニークな価値を認めるものではない。その文化的アイデンティティを持って生きてきた人たちが観光業などによって経済的利益をあげているとしても、そこでは「○○文化」という商品を取り扱う商人・労働者でしかなく、経済が衰退してゆくとそれを担えなくなる。そして、そうなったとしても、周囲の人間は「それが市場ってものだから仕方ないよね」と冷淡な態度をとりがちとなる。というのも、周囲の人間はその商品で利益をあげていたわけではないので、それはあくまで「他人事」にすぎず、自分たちのこととしては考えられないのだ。

そして、その文化を担ってきた人たちはそのアイデンティティを失い、無機質な「経済市民」となってゆく。そうして無機質化した市民は、もはや他人のアイデンティティに関心がなくなり、困窮した隣人に共感もしなくなる。

このように、過剰な商業化は、人々の公共心を失わせ、人々を分断し、文化を無機質化させてしまう。しかし、中立的なスタンスをとる以上、個々の文化やアイデンティティは個々の問題であって、いちいち荷担することは忌避される。そして自己責任論のもと、市民それぞれが断片化し、それぞれと結びつく政治権力も断片化する。多種多様な価値観に寛容であるはずのリベラル派も、異なる立場に罵声を浴びせたりもするし、また、リベラル派内部においてですら党派的対立がある。ゆえに今こそ、そうした党派的対立をやめて、もう一度、共によりよきものを、自分の立場や利害に固執することなく「自分たちのこと」として考えるべき時がきているともいえる。

もちろん、個々の問題を公共的に考え対策をするとしても、文脈によっては特定の人たちが優遇されることはあるだろうし、別の文脈では別の人たちが優遇されることもあるだろう。しかし、トータルでみると、誰もがより幸福となり、その人生をよいものとできるような社会がつくられればそれでよいわけで、俯瞰的に全体を見渡しながら、個々の人たちにも配慮するという仕方は、単純なアイデンティティ・ポリティクスや党派的政治では困難であるし、また、中立的なリベラリズムであってもそれは難しい。この点で、共通善を目指すサンデルのコミュニタリアニズム（共同体主義）とその公共哲学は、現代社会における共通善の実現のための有効な視座を示しているといえる。[67]

3　コミュニタリアニズムとリベラリズム

しかし、「共通善（common good）」というのは、いまいち分かりにくいものである。サンデル自身もそれが何であるかを明言していないし、そもそも明言できるとは思えない。そんな曖昧なものを大事にするとか目指すとかいわれても、モヤモヤする人は当然いるだろう。

だが、共通善がない社会というのも考えにくい。どんな社会であれ、それなりに、個々の関心を超えた共通善は——何らかの形で——あるように思われる。ここで注意してほしいのは、この共通善とは、個々人すべてがもっている——あたかも「人間」であれば誰でももっているような——共通願望ではない。それはあくまで、「公共にとっての善」であり、自身という「個」には該当しなくとも、全体の「公」にとって重要な意味をもつものがそれに該当する。[68]

そうした共通善は、国や社会、共同体によって異なるものであるし、われわれがいつのまにかそこで生き、そこに拠って生きているような文化や価値観といえる。そして、さらに重要な点は、これは多様であり変化もするということである。ゆえに、「合理的に考えればそれは決まっている」とするのは、共通善の考え方とは反するような、画一的な普遍主義でしかない。実際、ロールズの正義論も、どの社会においてもそうであるべき「正義」というものを想定しており、[69] サンデルがそれを否定しているように、あまりにもそうした普遍主義的な「正しさ」を規定することはコミュニタリアニズム的にはよしとはされないであろう。

共通善については、それを構成する中身が確定的に決まっている必要はないし、普遍的でなければならないわけでもない。それは平和であったり誇りであったり、自然との調和であってもよいし、ときには経済的な豊かさであっても構わない。共通善というと、経済的豊かさと対比的に論じられ、前者は道徳的なものとして、後者は反道徳的なものとして語られるケースもあるが（サンデルもときにそうした論調をとるときが多いが）、あまりにも道徳優越主義に立って経済的豊かさを糾弾するような姿勢は、ときに共通善に反することさえあるだろう。経済的な豊かさだけで人は幸福になれないとしても、経済がどうでもよいわけではない。もちろん、みんなが豊かで幸福になるためには、単なる数字や指標だけでなく、道徳的な理念が必要であることに違いはないが、その在り方やバランスは時代とともに変化する。それはちょうど文化というものが守られつつも変化してきたようなもので、共通善の在り方も変化しながらも、しかしその変化のなかでも共通善を模索し、実現しようとすることは十分意味がある。

ただし、サンデルの共同体主義においては、リベラリズムがやや不当なまでに過小評価されている節もある。たしかに、政治的中立性にこだわるリベラリズムは、公共的議論を積極的に喚起するものではなく、そこでは政治的分断のもと、一致団結した公共的取り組みがなされにくい（そして共通善が実現されない）ということはあるだろう。それを打破するために、「自由」を錦の御旗とするリベラリズムが見過ごしていた格差や差別を批判し、公共の再生が必要であると訴えることには意義がある。

しかし、その結果、特定の立場に対し、共通善と対立するような「共通悪」というレッテルが貼られ、冷たい視線を浴びるようになるとすればどうであろうか。たとえば、サンデルは商業主義が社会を分断させると指摘しているが、その言説に影響を受けた市民たちが、共同体のなかで共に暮らす商業主義者たちに対し「社会の害悪が！　その考えを捨てろ！」とばかりに差別的言動をふるうとすればどうであろうか。

もちろん、サンデルやハーバーマスなどは、「そうならないために、理知的な議論が必要なのだ」と主張するであろうが、それは、公共圏における人間の理性やコミュニケーション能力をいくぶんか過大評価するような楽観主義にもみえる。実際、公共的な議論をしても分かり合えないことはたくさんあるだろうし、公共的な議論をした結果、ビジネスを頑張った人たちに対し、「モラルに反している！」というレッテルが貼られ、そのお金があたかも不正をして得られたかのように糾弾されることも十分ありえるだろう（かつて、厳格なキリスト教共同体において、安息日に働く人や金貸しがそうされたように）。

それに、誰もが常に公共的な議論に参加したいわけではない。自身の代弁者である政党や代議士に想いを託すこともある。とはいえ、それを「市民の責務を放棄している」とか「共同体の徳が欠落している」と非難するのはいかがなものだろうか。公共的な場での議論に自信があるエリート層や、何をいっても立場が脅かされない社会的地位の高い人、守ってくれる仲間に恵まれた党派の一員は、公共的議論に参加する自分（たち）こそを「徳ある人」「正しいことをする人」とプライドをもっているかもしれないしそれ自体は構わない。しかし、だからといって、議論参加に消極的な個々人を見下したり、あるいは「公共性を自覚し、議論に参加できるように啓蒙してあげなければ」と押し付けがましい態度をとったりするのは、モラルハラスメントともいえるのではないだろうか。それが、おとなしく控えめな（しかし慎重で思慮深い）市民を萎縮させ、かえって悪い結果を招いてしまうことは十分あり得る話である。

リベラリズムはそもそも、そうした他者介入的な風潮や全体主義的傾向を諫め、個々人の能力や可能性の開花のための安全装置として機能するものであって、積極的であろうが消極的であろうが、理知的であろうがあまり学がなかろうが、とにかくすべての個人を等しく尊重するという点で意義あるものである。リベラリズムから生じた弊害をコミュニタリアニズム的な公共的議論によって解消することができるとすれば、逆に、コミュニタリアニズムや公共的な議論のもとで苦しむであろう人の居場所を認める役割がリベラリズムにはある。この相互補完性を、リベラリズム批判者たちは忘れるべきではないだろう。

　さて、こうした議論を通じ、共通善を目指す営みにおいて、最低限守るべきことがみえてくる。それは、「気持ち悪い」といった嫌悪感をもって、共同体の他の構成員に対して差別的な取り扱いをすることを差し控えるべき、というものである。これは政治参加をするための基本的なリベラリズム的権利の保障ともいえるが[70]、同時に、政治的分断を乗り越え、公共的な形で共通善を実現しようとする共同体主義にとっても、理に適った作法といえる。

4　嫌悪感や冷淡さを乗り越える

　或る属性をもつ者に対して嫌悪感をもつのはやむをえない。ただし、それを公共の場に持ち込むことで、その対象がいたたまれなくなる風潮を作り出すというのは、その対象を「公共の一員としては認めない」というメッセージとなる。その抑圧的な風潮が少数派に向かうとき、それは公共の一員としての尊厳を奪うだけでなく、政治的な主体性の否定ともなり、政治社会の周縁へと追いやるものとなる。

　外見差別、年齢差別、未婚者差別は、単にそれに該当する人たちへの拒絶というだけでなく、その人たちに社会的・政治的な劣位者というレッテルを貼ることでもある。たとえば、年輩者、未婚者、子どものいない人に対して差別的な言動をとる人たちは、政治的場面においてその人たちを「もはや国の役にたっていない」「社会のお荷物」「生産性がない」とみなしがちとなる。そして、そうした風潮が広がると、民主主義的意志決定において、そうした人たちの切り捨てともいうべき冷酷な政治的判断がなされるかもしれない。

もちろん、あからさまにそれがなされることはなく、それは巧みに隠蔽されたり形を変えた言説をとることもある。たとえば、コロナ禍などにおいて、「外出規制の対象をどうするか」、とか、「数に限りがあるワクチンの分配をどうするか」ということが話題となったが、「年寄りは家に閉じこもっていればいいさ。どうせ生産性がないんだから」とか「年寄りか若者なら、先のある若者を優遇した方が、社会全体のためになるよね」といった言説が（そこまで多くはないとはいえ）出回った。これはいかにも究極の二択のように状況を規定し、効用が高い方を選ぶべきと迫るような功利主義的言説の形をとっているが、そこには、いろいろ工夫することで年輩者と若者との共存を模索するというヴィジョンはなく、最初から差別的対象の切り捨てへと向かうような思考形態がある。

出産・育児・教育と社会保障

同様に、未婚者や子どものない家庭に対する差別的偏見も形を変えながら、功利主義的な社会保障制度の体裁をとることがある。「子育てをしている共働き家庭には社会保障をもっと厚くすべきだ。そして、未婚者や子どものない人たちにもっと課税すべきだ。あの人たちは、どうせ自分たちの分以外のお金の使い道などないんだし」と言う人をときにみかけるが、これは、社会保障の点では倫理的な言説という体をとっていても、他方で、未婚者や子どものいない人たちのライフプランをどこかで価値の低いものと決めつけた反倫理的な面ももっている。同性愛者に対して「生産性がない」と評価する人たちも、この手の見下しをしているように思われる。

子どもたちを産んだり育てたりする費用について、社会がそのすべてを負担すべきかどうかというのは難しい問題である。というのも、社会というものは、「自分の子どもをもちたいけどもてない人」や「そもそも子どもをもつつもりがない人」によっても支えられている。すると、そうした子どもをもたない人たちの世帯が支払う税金が、他人の子どもの世話をするために使用されることが当然の義務として、そして、子どもを産んで育てる人たちへとそのお金が支給されることがその人たちの当然の権利として正当化されるかといえば、必ずしもそうであるとはいえない。しかし、だからといって、「子どもをつくったんだから、その親がたとえひどい苦労をするとしても当然で自己責任でしょ」というのは極論であろう。

たとえば、医療制度の場合、あまり病気にならない人の税金が、頻繁に通院したり薬を処方してもらう人へと流れているという見方もできるが、それは、「怪我や病気にかかった人が安心して暮らせるような社会」をそれぞれが協力しながら維持しているわけである。もちろん、個々の責任問題や程度問題もそこにはあるので、怪我や病気の人であっても多少なりの自己負担が求められているのではあるが。しかし、そうであるとすれば、「子どもを産んだり育てたりする人が安心して暮らせるような社会」についての議論も、個々の責任問題や程度問題を踏まえつつ、社会的にサポートするような協力体制が構築されてもよいのではないだろうか。さらにいえば、長期的には、それは共に社会を支える同胞を増やすことにもつながるわけで、その意味で、出産・育児・教育への公的扶助というものは我々の関心事であるはずだし、そのための制度が望ましいことは疑う余地がない。

ただし、それを論じるにあたり、保障・扶助賛同派においても、或る程度の熟慮的言動が求められる。たとえ出産・育児・教育への公的扶助とそのための課税が社会的に必要であるからといって、その否定派や、未婚者や子どもをもたない（もてない）人たちに対し、「必要なんだから、そのためのお金を払うのは当然でしょ」と言ってのけるのは、あまりにもそうした人たちの個としてのアイデンティティを軽視しているように聞こえてしまう。

「公共の関心事」はそもそも関連するさまざまな立場の人たちが話し合って、なんらかの折り合いをつけたり、或る程度の協力体制をとることが求められるものである。そこにおいて、強硬的な改革推進派が、対立する懐疑派・慎重派に対し、「なんでそんなに消極的なの？　自己責任論を振りかざしてばかりで、育児や教育の大事さを理解していないの？　そんな考え方は、格差を広げて社会をダメにしてきたネオリベのようなものじゃない！」と攻撃的に非難することが往々にして見受けられるが、そうした言い方は、当該問題を究極の二択として提示し、相手に絵踏みを迫るようなものである。

もし、そうした改革推進派がある政治権力と結びつき、そこで「問答は無用だ」とばかりに、異なる人たちのライフプランや価値観を無視するかたちで人々のお金を徴収し、その意図にそわない配分をするとすれば、それは「公のためには、個は犠牲になっても構わない」と主張する全体主義とかわらない（たとえそれが「理性」の名のもとに行われても）。それは近代リベラリズムの否定であるし、そこでの「公共」において、その意向を無視される（改革推進派以外の）人々は、単なる財源捻出のための道具としてしか扱われていないと感じ、ますます反発を強めて「個人の自己責任論」に執着するであろう。しかし、それでは分断は深まるばかりである。

もちろん、「教育は自分の家庭で自由にやればよい。以上！」というような頑迷な個人主義・自由主義的スタンスは、現代社会における公共的態度としてはそぐわない。しかし、社会保障の程度やあり方にもさまざまな種類やグレード、それらを含んだ政策パッケージがある。それを模索することなく、「敵／味方」「公共における隣人／ネオリベ信者」とみなすその議論が建設的なものであるとは到底思えない。サンデルが推奨するように、教育をはじめとするさまざまな事柄を公共の問題としていろいろ考え、それを政治に活かす、というのは大事なことではあるが、そこに差別意識などがあったり、他者に対する分断的・党派的な偏見があっては、そこで提唱される「共通善」とは、単なる全体主義のそれと変わらなくなってしまいかねない。この点には注意が必要である。

少数派への差別

こうした見下しや差別は日常のいたるところにあり、気付かれにくい。しかし、それに苦しみながらも声をあげられない人もいるし、そういう人々はほとんどの場面において切り捨てられがちである。それが少数派であればなおさらである。もちろん、多数派だからといって、それのみをもって加害者扱いされるべきではないが、しかし、多数派は多数というその事実だけで、少数派を威圧してしまうようなケースもある。ときにそれは、劣位にある少数者だけでなく、優位にあるとされる少数者に対してもプレッシャーを与え、苦しめさえする。

たとえば、第5章で論じたように美男美女といった、世間一般では優越的なポジションに位置するような人たちであっても、多数派からの性的な視線をむやみに浴びせられて消耗していることがある。そこでは、もしかすると、性的魅力のみを評価されてばかりで、それ以外の能力を認めてもらえることがなく、認めてほしいはずのその能力への評価が不当に下げられてしまっているようなこともある。

「美人すぎる市議」「美しすぎるアスリート」というフレーズなどをときどき耳にすることがあるが、こうしたフレーズはインパクトも強く、その対象を決して軽んじているわけでないし、美しい外見とその人の専門的能力の高さは論理的には両立するものである。しかし、そうした取り上げられ方は、その専門性に詳しくない大衆においては、「この人は美人で得をしているけど、能力はどうなのかなあ」という疑問を抱かせがちなものである。また、その業界においては「あの人は能力はそれほどでもないのにルックスで取り上げられているだけでしょ」といった批判を生じさせかねない。そうしたルッキズムは、本人の能力から焦点をずらして評価するものであり誤解を招きやすいものである。

多数派がそうした偏見にまみれているとき、その人がどんなに頑張ってもきちんと自分を評価してもらうことができず、息苦しさのなかもがいていることもある。優越的な属性の持ち主ですらそうなのだから、不利な属性とみなされる少数派が感じるプレッシャーや息苦しさは想像を絶するものであろう。そうした少数派は、同じ属性同士で連帯することで自分たちの居場所を守ろうとするが、それに対して「気持ち悪い」と言い放つのは、いくら言論の自由があるとはいえ、とうてい公共的な言説として許容できるものではない。

共感とコンヴェンション

こうした社会的な分断状況について、「共感」への回帰を訴える論者もいる。古くは、一八世紀スコットランドの哲学者デイヴィッド・ヒュームの「一般的観点」に基づく共感や、その友人のアダム・スミスの「公平な観察者」、最近では、フランス・ドゥ・ヴァールの「エンパシー（感情移入的共感）」などが、社会的分断を防ぎ、協調を実現するための鍵とみなされている。[71] しかし、こうした共感礼賛の姿勢にも、一定の留保が必要である。

たしかに、共感は大事であるし、共感しないよりもした方がよい。しかし、結果として生じた共感は望ましくとも、人々がもっている共感能力が理解のためにきちんと機能するかといえば、そうとは限らない。共感能力には個人差もあるし、身近な人や似たような属性の人たちとの間で作用しやすい。[72] 他方、そうした仲間内において強く共感が機能すればするほど、その外側の仲間以外に対しては対抗的・排除的な態度をとりがちとなる。社会的協調において重要なのは、そうした限定的な共感の枠組みを乗り越えることである。結果として広い共感が実現されることは良しとするものの、枠組みを乗り越えるには、感受性に頼るだけでなく、他にもさまざまな工夫や努力が必要である。

たとえば、まったく共感できず「意味不明であった相手の行動」をきちんと理解しようとするのであれば、一緒になんらかのプロジェクトに参画するといったことを経て、その他者が何を望んでいるのかを——賛成・反対はともかくとして——知ることが重要である。犯罪者に対する冷たい視線を緩和してゆく修復的司法もこうした工夫の一つといえるだろう。身近な例でいえば、現場労働者のことなど気にかけていなかったCEOが、現場が何に苦労しているのかに耳を傾けることは、その労働者の処遇改善だけでなく、会社の健全化を促進し、企業内における連帯も強めるかもしれない。

つまりは、これまで接してこなかった属性の人々の苦労に耳を傾け、受容の可能性を模索し、適切に距離をとってゆくための工夫なども、この社会における共存の作法としては大事だということである。我々は、理性や知性をもっているが、それは分断をも乗り越えるような万能な能力ではない。同様に、我々の仁愛や共感も対象が限られていて機能しないこともある。だからこそ、我々はどこまで相手と接し、どこまで対話や譲歩できるのかを、その実践において手探りで模索すべきなのである。

これは、ヒュームの「コンヴェンション（conventions）」形成のプロセスとも類似しているように思われる。ヒュームのコンヴェンションとは、「ボートのオールを漕ぐ二人」の例[73]で比喩されるように、当事者が協力して責務を果たして当事者すべての利益になるような、「共通利益の一般的感覚」やそれが成立している状況である。考え方も違う見知らぬ相手とも協力した方がよい状況では、互いに自身の欲求を押し付け合うのではなく、力を合わせようとする。そしてそこでの協調が互いにとっての共通の「よいこと」であるという意識を共有しながら、そこへと動機づけられている状態は、それぞれが自発的に「公」の一員となっていることを意味する。そうした関係は、一方が自身の言い分を強弁し、他方の言い分を拒絶するだけでは成立しようもない。そうしたコンヴェンションは、よく分からない相手を拒絶することなく、ボートがうまく進めるよう、双方にとって納得できる漕ぎ方・リズムを模索しながら、それぞれが前向きにオールを漕ぐことで確立されるものである。

いずれにせよ、重要なのは、こうした「理解」「協調」「共生」のためには、偏見を一旦保留し、差別的態度を控え、権威主義や党派性を振りかざすことなく、「対等な人格」として相手と向き合う、ということである。それこそが、公共を再生するための営みであるし、リベラリズムとコミュニタリアニズムの対立の向こう側にある「より良き社会」への出発点といえるのではないだろうか。

第9章　公共圏の可能性——市民的連帯のもとでの取り組み

1　シヴィック・ヒューマニズム

第Ⅲ部では、「公共」に関する諸議論の背景やその理論的分析を行ってきた。もちろん、それが分かったところで、公共的な問題がすぐに片付くわけではない。これは、公共哲学という学問そのものが、分かりやすい解決法や、直接的な利便性に欠けていることとも関連している。とはいえ、たとえ実践なき理論や思弁が無力であるにしても、理論や思弁なしの実践が危ういこともまた事実である。この点で、公共哲学とは、分かりやすさや直接的な利便性を求めてばかりの社会が忘れがちなものを思い出させてくれるという長所がある。

しかし、ここで改めて強調しておきたいのは、「公共哲学」というものは従来の思弁的哲学とは異なり、そもそもが「市民的実践」を前提としており、そしてそれは、政治権力主導の統治とは異なる、という点である。こうした公共哲学の特徴は、近代の代議制民主主義とリベラリズムが台頭する以前、すなわち、社会的階層制度がまだ幅を利かせる時代において、市民による市民のための公共参画を求めたシヴィック・ヒューマニズムにその起源をもつ。この歴史的起源を確認しつつ、その意義が、現代のリベラリズムのもとでときに忘れられがちとなっていること、そして、それがきちんと活かされるとき、どのような社会的展望が広がりうるのかを、本章で論じてゆこう。

起源と歴史

シヴィック・ヒューマニズムとは、ルネッサンス期の思想家たちによって表明された、自由で徳をもった「人間」による政治を目指すムーブメントである。これは市民社会論としてイングランドにわたり、そこでの共和主義思想に組み込まれた。ここでの共和主義（Republicanism）は、中世的なキリスト教的抑圧からの解放という近代的側面と同時に、古代ギリシアのアテナイ、あるいは、共和政ローマのように、王やそれに連なる貴族主導の政治を撤廃し、自由人による自発的な公共的参画を行うという回帰的側面もあった。だからこそ、絶対王政や貴族制へのアンチテーゼとして、近代のシヴィック・ヒューマニズムと結びついたのであるが、しかし、それははじめから市民参画型のものであったわけではない。

マキャベリの時代にも貴族的な寡頭制は幅を利かせていたし、王政を排しオリバー・クロムウェルが護国卿となったイングランド共和国においても、多くの市民は結局、支配・管理される側であった。それ以前にスペインから独立する形で成立したネーデルラント連邦共和国も、実質的には有力貴族が中心の政治体制であった。議会制民主主義がいち早く発展したその後のイングランド（あるいは一七〇七年以降のグレートブリテン）においてさえ、名誉革命以降の議会政治はウィッグ（ホイッグ）主導のものであってもなお貴族的寡頭制の風潮を残すものであり、それは共和主義でもなければ、シヴィック・ヒューマニズムを体現したとはいいがたいものであった（この点については、ポーコック、一九九〇を参照）。

しかし、その後のグレートブリテンにおいては、王権やそれに連なる貴族の権限を制限し、理想的な共和国への構想というものがさかんに論じられ、皮肉なことに、そうした共和主義的理念は、イギリス植民地としての立場から独立を果たしたアメリカで具現化されることになった。その後、共和主義もしくは共和国思想は、フランス革命などを通じてヨーロッパでも次々と花開いてゆき、王でも貴族でもなく、誰もが「市民」として自分たちの在り方を決めてゆけるような時代が到来することになった。その先駆的な点では、やはりアメリカこそが近代共和主義の最初の成功サンプルという見方もできるし、公共哲学全般が、基本的にはそうした理念をその核としているともいえる。だからこそ、形骸化しつつある現代アメリカの共和主義に対し、サンデルは警鐘を鳴らしている。[74]

本来の共和主義とは、さまざまな階層や立場の人が抑圧されることなく、誰もが市民として政治に参加できることをよしとする思想である。そこではシヴィック・ヒューマニズム由来の、自由で平等な市民としての自覚をもち、隣人とともに社会をよくしようとする徳が求められる。それはちょうど、古代ギリシアのアテナイのように、貧富の差はあれど、多くの市民が等しくそこで発言しつつ、誰もが共同体（ポリス）やそれを構成する同胞のために力と知恵を尽くそうとするようなものである（ただし、古代ギリシアでのそれは、奴隷や女性などはその営みから排除されていたもので、現代的観点からそれをそのまま許容することはできないが）。

現代では

しかし、現代アメリカにおいては、人びとはリベラリズムのもと「自由」は享受していても、同胞的市民としてのアイデンティティや徳を失い、商業主義に飲み込まれてしまっているようにもみえる。もちろん、市民的な徳を欠落したリベラリズムであっても、特定の価値を他者に押し付けることがないという点で魅力的ではあるのだが、他方、それは「自分は自分、他人は他人」といった個人主義を人々に植え付け、市民は連帯感を欠落したまま、それぞれが経済的自由のもとでコミュニティではなく自分自身の利益追求に励むようになってしまった。その結果が、貧富の差の拡大、差別的な学歴偏重社会、市民間の生活圏・文化圏の分断とそれに伴う政治的分断、そして、混迷を極める政治的状況、というわけである。こうした事象の根底には、個人主義と商業主義の台頭のもと、かつて人びとが熱望し達成したはずのシヴィック・ヒューマニズム的精神が失われていることがある。それを危惧し、コミュニティの再生と徳への再注目を説くサンデルの政治的スタンスが「共同体主義」と呼ばれ、価値中立的であることをよしとするリベラリズム（自由主義）に批判的な理由もここにある。

こうしたことは日本とも無縁なものではない。第二次世界大戦以降、国民主権としてシヴィック・ヒューマニズム的理念が日本の政治システムにも組み込まれ、多くの市民の政治参加が可能となった。しかし同時に、アメリカ同様に——戦後、さまざまな方面でアメリカナイズされたので当然ではあるのだが——資本主義や商業主義のロジックが蔓延り、相互扶助的な共同体の理念が失われつつある。その結果が、「他人のことなんて知ったことか」という偏狭な個人主義、あるいは、排他的な価値観の台頭であった。一見、共同体を大事にしているようにみえるナショナリズムですら、「日本を大事にすべきだ」といいながらも、同胞である社会的弱者の救済を拒絶し、自己責任論を振りかざしたりする有様である。

他方で、格差是正・弱者救済を掲げ、そうしたナショナリズムを批判するリベラル派であっても、到底シヴィック・ヒューマニズムと呼び難いような排他的姿勢をみせることがある。たとえば、犯罪者の人権をきちんと配慮すべきだと主張するリベラル派のある人たちが、庇護の対象とみなさない人たちの権利を剝奪すべきだと声高に主張したり、自身を批判する人をとにかく敵視したりすることもある。結局、右派であろうが左派であろうが、多様性を包摂しながらの社会的連帯意識が欠落していれば、それは狭いサークル・仲間内だけで完結するような党派的論理に執着するだけである。

しかし、いくらこの点を反省し、気を付けてはいても、経済自由主義や商業主義を排除できない以上、それらがもたらす社会格差や分断は不可避的に生じる。人びとは自身の仕事や立場を庇護する政治的権力におもねったり、それが対立的な諸党派を生み出したりして、政治的混迷はどこまでも続くようにもみえる。

もちろんその可能性は完全に否定はできない。しかし、経済自由主義がもたらしたメリットを過小評価し、その撤廃を訴えることは、それによって救われた、あるいはこれから救われるであろう人びとの福利をないがしろにすることでもある。では、いかにすれば、資本主義や商業主義の台頭のもとでも、人々は分断を乗り越え、同じ社会の一員として前向きに協力してゆけるのであろうか。そこで、以下では、経済自由主義、あるいは、アイデンティティ・ポリティクスそれぞれが単独では解決できなかったはずの公共的問題が解決されたケースを紹介してみたい。それは、経済的インセンティヴをもった企業の営利活動がいかに公共的に妥当な形で受容されるかということを示した事例ともいえる。その事例の分析を通じて、公共圏の重要性、そして、そこで生きる「他者」への寛容さや協力の必要性が再確認できるであろう。

２　経済社会における企業の義務

経済社会において、企業は利益を上げることが目的であって構わない。いや、それどころか、株主などの資本提供者やそこで働く労働者たちへと利潤を多く還元するため、企業利益の最大化を目指すことは――そうした関係者たち（ステークホルダー）の協力に報いるという意味では――義務とさえいえるであろう。しかし、いくら利益追求・利潤還元が義務だからといって、それを行うために、無関係な人々や公共的なものを度外視するというのはさすがによろしくない。

負の外部性

ある経済主体が自己利益のための経済活動をするなか、その活動が経済的当事者以外の第三者へ負の影響を及ぼすことを「負の外部性」と呼ぶ。この代表的なものとしては、環境問題における大気汚染や水質汚染といったものであろう。工場での生産活動はその企業においてれっきとした経済活動であるが、その工場製の製品を購入する人々とは独立的に（無差別に）、その工場が排出する汚染物質が近辺で暮らす住民に悪影響を与えるとすれば、それは負の外部性に該当する。

これは、住民に健康被害を与えると同時に、自身の売り上げが発生するにあたっての犠牲を間接的に他者に押し付けるようなものである。その犠牲は或る種の「コスト」と考えられ（汚染された環境で暮らして体調を崩す人たちの病院代・薬代、生活における苦痛などをまとめて「コスト」とみなせる）、コストを他人に押し付けつつ利益を得ているという点で、その活動は「フリーライド（ただ乗り）」といえる。

では、汚染をして迷惑をかけた分だけ、あとでお金を住民に配ればよいかといえばそういうものではない。住民はお金ほしさに汚染された環境で暮らすことを自発的に選んだわけではないので、いくら事後的に補償をするといっても、それは、無関係な住民の意思を踏みにじった企業の営利活動の一環でしかなく、自由主義の他者危害原則（他者に危害を加えない限り、その自由は保障される、という原則）に反するものである。

こうした負の外部性については二〇世紀後半からすでにいろいろ問題視されており、自由経済を推奨する政府であれ、それに対する規制は当たり前となっている。二〇〇〇年代はじめあたりからは、これを踏まえた「企業の社会的責任」（CSR：Corporate Social Responsibility）のもと、人権への配慮や地域社会への貢献などは当たり前なものとなっている。国際的な枠組みとしては、二〇一五年に国連サミットにおいて（二〇三〇年までをとりあえずの期限とする形で）採択された、一七の目標が定められた「持続可能な開発目標」（SDGs：Sustainable Development Goals）というものがある。日本を含めた加盟国はこれにそって環境問題や資源問題へ取り組む他、貧困・飢餓の根絶や、差別の撲滅、教育の普及などにコミットすることになったわけで、国内法の整備や、その理念に違反する企業などに対してはなんらかの規制などが求められている。

最近はこのＳＤＧｓがさかんにニュースなどでも取り上げられていて、それ自体は好ましいことではあるのだが、遠くの理想を指し示しながらも、近場の公共の問題には無頓着な国際人となってしまっては灯台もと暗しである。ここではあえてごく身近な公共の問題に言及してゆこう。

「企業はモラルを！」とか「モラルのない企業には罰則を！」というスローガンは、二〇世紀後半に高らかに叫ばれはじめた。企業による環境汚染問題だけでなく、低品質のものやリスクのある商品を売りつけていたり、検査をいいかげんにしたりするなどの問題が頻発し、企業のコンプライアンスや倫理観が問われはじめたわけである。しかし、依然として、「やむをえなかった」「ついやってしまった」という言い訳のもと、品質不正問題や、会計不正問題などが後を絶たない。

なかには、リコールをすべき欠陥車をあえて放置したフォード・ピント事件[75]のように、「あとでバレて怒られようとも、黙っていたほうがトータルとしては得だからなあ」というような、費用（コスト）と便益（ベネフィット）とを計算した結果、倫理に反する意思決定を行うところもある（フォード社はその結果、多額の懲罰的損害賠償を命じられたわけだが）。企業がプロジェクトを評価し、なんらかの決断をしようとするとき、そうしたコスト・ベネフィット分析を行うことは企業経営において大事なことではある。とはいえ、人の生命を脅かすようなケースの場合、倫理的観点から「なすべきこと」をなしてもらわないと、それは公共の一員として認めることはできない。普段良識ある振舞いをしていても、バレそうにないときに詐欺行為をするような人を「良き隣人」とみなせないのと同様である。

しかし、そこまで悪質な意図がなくとも、ついやってしまうようなことはいろいろあるだろう。そうしたケースについてはどう考えるべきであろうか。そのケースの一つとして、やや迷惑な行為であるが、仕方がないようにもみえる「路上駐車」について考えてみよう。

路上駐車問題

都市部での路上駐車は、それを避けようとする車が車線変更するときの接触事故を誘発するもので、また、バイクや自転車などが路上駐車中の車と激突して死亡する事故も起きている。ゆえに、都市部での路上駐車はなるべく減らす必要がある。意図的だろうがなんであろうが、路上駐車によって得られる便益のツケは、結果的にはコストやリスクとして他人に押し付けられているわけであるので、それは負の外部性とも呼べるものである。

こうした路上駐車への対策として、二〇〇六（平成一八）年から道路交通法改正によって、従来の反則金制度に加え、駐車監視員制度および車両登録者に対する違反金制度が導入された（社用車の場合、違反金の納付義務は会社が負うことになる）。つまり、監視と罰則というインセンティヴ制度[76]が導入されたともいえるわけであるが、導入されてから翌年以降ほとんど期待された効果というものがなかった（左図平成一九年からの推移を参照）。

これはどういうことであろうか。人は快を求め苦を避けるし、利益を求め損失を避けるものである。こうした常識から、「監視と（新）罰金」の制度導入はインセンティヴとして状況改善につなが

図表１　東京都特別区における瞬間路上駐車台数の推移（平成17年～令和4年）

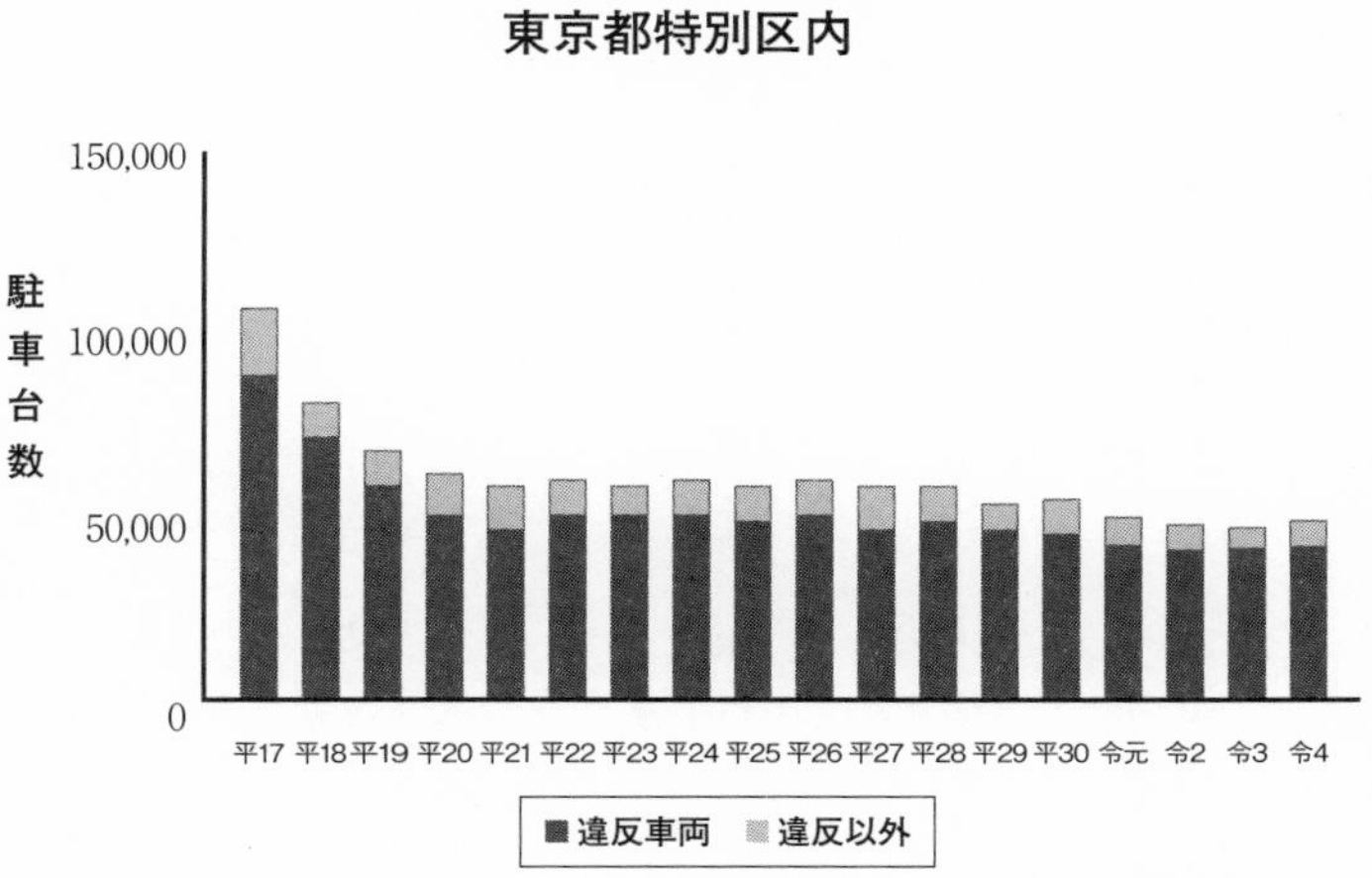

令和５年『駐車対策の現状』警察庁交通局[77]

ると考えることは何らおかしくない。しかし、それでもこのケースではうまくいかなかった。これについて考えてみよう。

インセンティヴ制度導入後の違反者をタイプ別に区分するとすれば、まず、（i）何回も違反を繰り返す常習犯、そして、（ii）かわるがわる現れる初犯、というような区分はできるだろう。そして、両者はそれぞれ、（a）とりあえず駐車したいからそうするだけで、損得をあまり考えない「直情型の駐車違反者」、そして、（b）損得勘定のもと、罰金をとられても、トータルでいえばお得という判断をしている「計算型の駐車違反者」、を含んでいると考えられる。

もちろん、損得勘定があろうがなかろうが、違反は違反なのでいずれも悪いことであるし、それが繰り返されれば繰り返されるほど、交通事故発生のリスクも高まる。とりわけ、意図的にそれを繰り返すような（ⅰ）—（b）のような常習犯は、「確信犯」として、われわれの嫌悪感を喚起しやすい。ちょうどそれは、コスト・ベネフィット分析のもとで無関係な他人に危険にさらす反倫理的な行為者の振舞いであり、これに対し、多くの人が、何らかの懲罰的刑罰を科すべきだとつい考えてしまう。

しかし、よくよく考えてみると、このての——つまり、（ⅰ）—（b）タイプのような——常習犯であっても、我々の便利な生活を支えているというケースもある（もちろんそれはすべてではないし、支えているからといって許せないものもありえるわけではあるが）。それは、我々の生活を支える運送業者の駐車スペース問題である。ただし、それは仕方ないようにみえても、やはり法律違反であり、さらには倫理的責任も問われるものである。これが以下に議論され、いかに解決していったかをみてゆこう。

3　運送業者の苦悩と解決

運送業は物資の流通を担うもので、社会にとって不可欠なものである。しかし昨今は人手不足で、一度になるべく多くの荷物を運んだ方が効率的であるため、台数は少なく、しかし荷物を運ぶトラックは大型化の傾向にある。大型のトラックであればたくさんの荷物を載せており、届けるべき荷物がその地域に集まっている場合にはどうしても五分以上の路上駐車（放置駐車）となってしまい違反切符を切られてしまう[78]（大型車の場合、駐車禁止の標識があるときの放置駐車は二万一〇〇〇円）。

それでも運送会社が同様のことを繰り返すことは何も不合理なことではない。コスト・ベネフィットの観点のもと、コストとしての違反金の総額と、荷物全体の配達から得られる利益の総額との差分が、十分に会社の利益――そして従業員への給与――になるのであればそれを続けるであろう。[79]もしかすると多少お金に余裕をもった個人であっても、無意識にそうした路上駐車を行っているのかもしれない。つまり、この場合の反則金・違反金というのは、路上駐車を抑制するインセンティヴとはならず、むしろ、「お金を払う（覚悟をする）のであれば、路上駐車ができる」というように、路上駐車をするためのチケット代として捉えられてしまっている状況といえる。これでは、そのチケット代を払ってでも路上駐車をしようとする人が後を絶たないだろう。こうした罰金の逆機能は、他にもさまざまなケースで確認できる。[80]

では、罰金をもっと多額にすればどうであろうか。たしかにそれならば駐車違反は減少するであろうが、その代わりに運送業者は配達の荷物を減らしたり、あるいは、高額な罰金を科せられるリスクを見込んで、とてつもなく高額な料金設定となり、結果的にそのしわ寄せは多くの市民に押し寄せるだろう。これでは通常の生活がままならなくなる市民もでてくるかもしれない。

つまり、ここにおいて高額な罰金を科すというやり方は、かつて功利主義の祖ベンサムが正しい法政策の条件として述べた「最大多数の最大幸福」に反するものであろう。[81]たしかに、市井の人間としては、計画的な違法駐車に対して「ちっ、ちゃんとルールは守れよな」というように嫌悪感を抱いてしまうわけであるが、だからといってそれを懲らしめるための懲罰的な罰金制度を導入し、巡り巡って、市井の人間を苦しめる結果となってしまうのは、不合理な方策といえる。

つまり、この手の問題は、プライヴェートな問題として個々の業者（私人）にまかせているだけではどうにもならないし、だからといって、政治が強制的にコントロールしようとしたり、あるいは、行政が監視と罰則を振りかざせばよいというものではない。もちろん、放置したままでいれば、交通事故や人身事故のリスクにさらされる市井の迷惑にもなるし、意図的な駐車違反は市民感情的にも許せるものではないので、まさに公共の問題として対応が望まれる問題である。

そこで、全国商工団体連合会（全商連）は世間のニーズと運送業界からの意向をもとに、配達中の業務車両への「許可状」の発行や、柔軟な駐車可能ゾーンの設定などの対応を政府に求めた。それを受け、政府は二〇一七年八月、働き方改革の一環として、物流を妨げる駐車規制の緩和を打ち出し、二〇一八年二月、警察庁は、路上駐車を一部解禁する方向で全国の警察へ通達を出し、二〇一九年八月、ようやく貨物車両の専用駐車スペースの設置が、東京二三区内の都市部を中心に七八台分が解禁された（青地に白文字の「P」マークが描かれた標識が目印）。そのほか、宅配ボックスやコンビニ受け取りなどの普及により、運送業者が複数回運ぶために駐停車を繰り返す手間が減少するなど、運送業における路上駐車問題はより良い方向へと解決しつつある。

もちろん、路上駐車自体が劇的に減少したわけではないが、社会的分断を生じることなく、必要な（運送業者などの）路上駐車と、不必要で悪質な路上駐車との線引きがなされたこと、そして、関係者各位が自発的な形で前向きにその解決へと至ったというのは、大きな社会的進展である。そしてここにこそ、「駐車違反を取り締まるか、放置するか、どちらが結果的にマシだろうか？」といった、二者択一的な問いの立て方にはない、「公共」の取り組みの秘訣があると思われる。そして同時にそれは、単に「効用をとるか、モラルをとるか」といった二項対立をも乗り越えた「公共の利益」「共通善」の実現にも寄与するものといえる。

4　公共圏の役割

アメとムチや、監視と罰則だけではうまく改善できない市場の問題というものは世の中にいくつもある。そうした状況において、コスト・ベネフィット的判断を行う企業側・業界側にのみその問題の責任を押し付けても改善しない。そうした押し付けは、その社会において、市民とその企業・業界との分断を招くだけである。重要なのは、社会を構成するそれぞれの関係各所が協調して当該問題を解決することである。それはときに、政治に働きかけたり、異業種同士の意見交換を行ったり、市民の苦情も参考にする必要がある。実際、前述の貨物車の駐車スペース問題も、運送業界が圧力団体的に政治へ働きかけたというよりも——もちろん最終的には政治的介入や法規制をともなう形ではあるものの——コンビニエンスストアといった他業種の協力もこぎつけつつ、関係各所が連携して公共圏の問題を解決できた事例といえるであろう。

「公共圏」とは、政治権力や経済権力から独立しながら——しかし、かならずしもそれと対立するわけではなく、ときに協力しつつ——誰もが当事者として関わるところの領域である。そうした公共圏において踏まえるべきことは、自身と立場や利害が異なる他者の意見を圧殺することなく、そうした他者を公共メンバーの一員として尊重しながら、ベターな解決策へと向かってゆくことである。

これは、ハーバーマスがいうところの「コミュニケーション的合理性」とも合致する。[82] 簡単に説明するならば、「理性」とは単なる個々人の欲求実現のための道具というものだけでなく、対話によって協同的に生活世界の規範化を目指すためのものでもあり、コミュニケーション的合理性は後者に該当する。もし、欲求実現の文脈でのみ物事をとらえ、せっかくの理性をその方向にのみ使用しながら生きていこうとすると、当然のことながら、隣人は「他者」でしかなく、自身と同じような（尊重されるべき）主体というよりは、ときに自己の欲求充足のための障害ともなるような「客体（モノ）」でしかなくなる。

そうした世界観においてはもはや公共圏などは成立しようがなく、社会的影響をもたらしうるそのときどきの政治権力は、社会的分断のうえに成り立った「特定の誰かの味方」でしかない。そうではなく、それぞれ利害関係が異なる人々がコミュニケーション的合理性を駆使しながら、よりよき公共の在り方を模索してゆくことこそが、社会的分断を防ぎ、よりよき政治の実現にも繋がるわけで、この点からも、「公共圏」というものが必要であることは自明ともいえよう。

前述の駐車スペース問題は、或る意味ではそうしたコミュニケーション的合理性が駆使されていたからこそ、問題がうまく解決した事例といえる。もし、運送業者が「いやいや、社会全体にある程度の効用があるんだから、うちらの駐車違反はやむなしだろう。迷惑行為だなんだといちいち苦情をいうんじゃないよ」といった態度で、市民側の苦情を無視するよう権力側に働きかけていたのであれば、それは市民の共感を得られることはなかっただろう。あるいは、市民が運送業者を敵視して、「あいつらは自社の儲けのために、意図的に駐車違反をしている。モラルに欠けているので許せない」とばかりに厳罰を科すよう公権力へ働きかけていたのでは、やはりこの問題はうまく解決しなかったであろう（たとえ、厳罰を科したあげくそのデメリット――送料の値上がりや、運送する物資の量的減少など――を市民が受け入れる覚悟があるとしても）。

仮に、そうした分断のもとで「市民側に私は立ちます」とばかりに振舞う（いわばポピュリズム的な）政治家たちが、運送業者を「わるもの」と位置づけ、それに厳罰を科すような法律・条例を制定したとして、それが本当に市民のためとなっていたかといえばそうではないだろう。ここから分かるように、「どちらをとるか？」といった二択式に問題をとらえ、政治がいずれかの味方をするべきだ、という考えに陥ってしまうのは、公共の問題を取り扱うにふさわしい思考の仕方ではない。

公共圏にいる当事者それぞれが意見を述べながらも、相手のことを慮り、より良き状況へとともに向かうような議論が醸成され、それが政治側に伝わることで実現された結果こそ、都市部を中心とする運送業者に対する一定の配慮を伴った駐車スペースの確保や、新たな受け取り方法の実施であったといえる。

もちろん、すべての公共的問題がこのケースのようにうまく解決されるわけではない。実際、関係各位が対立することなく協調することがすべての人の経済的利益になるようなケースだったからこそこんなにうまくいったわけで、複雑な政治的イシューにおいてはこうは見通しよくうまくいかないことも多い。

しかし、異なる立場の人が、職業別や収入別に応じる形で政治的に対立し、その対立を引き受けながら結局は互いが互いを認めることなしに多数派が押し切ってしまうようなアイデンティティ・ポリティクスに陥ることは、こうした問題を含め、あらゆる公共的問題の解決を阻害してしまう。他者の異なる意向に耳を貸し、譲れるところは譲り、協力できるところは協力しようとする寛容で対話的な姿勢こそが、長期的には一致団結した社会問題への取り組みへと繋がるように思われる。

もちろん、そこにおいてでさえ、フリーライドの問題や、或る属性の持ち主（たとえば経済的強者や文化的マジョリティなど）がそれ以外の人たちにコストを押し付けるような社会的不正義の問題は見過ごされるべきではない。しかし、それらへの対応ですら、単なる対立や非難合戦ではなく、より理知的で建設的な議論が必要とされるのではないだろうか。

注

1 マイケル・サンデル著、鬼澤忍訳、二〇一二『それをお金で買いますか――市場主義の限界』早川書房：オリジナルは、Michael J. Sandel. [2012]. *What Money Can't Buy: The Moral Limits of Markets*, New York: Farrar, Straus and Giroux.

2 USJのユニバーサル・エクスプレス・パス（グレードごとに約六〇〇〇～一万円）や、TDL・TDSのプレミアムアクセス（一回分で二〇〇〇円前後）などがある。

3 トレードオフ（trade-off）とは、そもそもは取引（trade）において、当事者双方が何かを得るために何かを手放す（offする）という考え方に起因したもので、何かを得るためには、何かが失われるという関係性を示す言葉である。この場合、お金を失えば、（待っている間に消費する）時間を失わないで済むし、お金を失わないのであれば、時間を失うしかない、ということを意味する。

4 日本においてもそうした業者は複数存在する。取り扱うものはグッズ購入行列待ちやイベント整理券配布待ちなどさまざまであるが、ざっとみたところ、一時間あたり一五〇〇～二五〇〇円程度のようである。

5 サンデルは公聴会においても、資金をふんだんにもったロビイストとそれが雇った並び屋が台頭していることに懸念を示している。日本でも国会法第五一条および、衆参両院の規則に基づき公聴会が開かれ、利害関係者が公述人として招致されることはあるが、原則それは公募である（ただし、応募者をセレクションにかけるとき、政党への寄付金が参考にされているとすれば、サンデルの懸念は日本の公聴会にも該当するということになる）。

6 二〇一〇年代のサンデルの著作にはあまりそうした政治的スタンスは顔をはっきり出していないが、基本的にサンデルは――合理主義的なジョン・ロールズのリベラリズム批判において立脚していたように――共同体主義（コミュニタリアニズム：communitarianism）の立場に立っているように思われる。それは、共同体の伝統的な価値観や歴史性、文化的アイデンティティを重視する一方、それを捨象するような、中立性・合理性を標榜するリベラリズムに批判的な立場である。

7 こうした対象として、日本国内で暮らす日本国籍をもたない者（いわゆる外国籍の者）も当然該当する：「日本国民のみを対象としている権利を除き、基本的人権の享有が保障されている」（社会権規約〈経済的、社会的及び文化的権利に関する国際規約〉第一六条及び第一七条に基づく第二回政府報告、第一部の二、「外国人の地位及び権利」を参照）。

8 しかし、それでも、お金を自由に使える立場にない（あるいはあまり裕福な家庭に属していない）小さな子どもが遊園地で二時間も三時間もアトラクション待ちをしているのを横目に、お金を多く払った大人や、そうした人の連れている子どもが、待ちくたびれた子どもを追い抜いてアトラクションを楽しむ様は、あまり好ましい光景とは思えない。

9 日本では、一応「法テラス」が用意され、経済的に余裕のない人に対して同一問題につき三回の相談料が無料であったり、着手金や実費等の立替などの措置がとられている。

10 私は以前、とある市役所の教育委員会に勤めており、そこでは中学校の教職員の方々と交流する機会もあったが、なかなか大変な様子であった。

11 数の違いはあるにせよ、日本の教育現場においても同様の問題を抱えているところはあるだろう。

12 ウリ・ニーズィー、ジョン・A・リスト著、望月衛訳、二〇一四『その問題、経済学で解決できます。』東洋経済新報社：オリジナルは、Uri Gneezy and John A. List. [2013]. *The Why Axis: Hidden Motives and the Undiscovered Economics of Everyday Life,* New York: Harper Collins Publishers.

13 実験の結果は、Ronald G. Fryer Jr., Steven D. Levitt, John A. List, and Sally Sadoff. [2012]. "Enhancing the Efficacy of Teacher Incentives Through Loss Aversion: A Field Experiment," NBER Working Paper 18237 を参照。

14 大学の規模や立場によっていろいろ異なるが、現在の私についていえば、学科会議、学部会議（通称「教授会」）に加え、安全・衛生委員会、メディア教育・情報システム委員会、入試管理委員会などの会議やイベントに出席しなければならない（これらのいくつかは、学生の夏休み期間中にも開催される）。ま

15 た、全教員対象として、研究支援課から研究倫理研修を受けるように言われたり、FD委員会からはFD研修を受けるように言われたりもする。

16 聞いた話によれば、学部長や学長などの役職に就けば、秘書がつくこともあるらしい。これもそれぞれの大学によるものと思われる（前勤務先の公立大学ではそのようなシステムはなかったようである）。

17 学校教育法第八三条の一第二項には、「大学は、その目的を実現するための教育研究を行い、その成果を広く社会に提供することにより、社会の発展に寄与するものとする」とあるので、やはり研究成果のアウトプットは義務でもあるのだが、その提供の仕方や回数や時期については明記がなく、個々の教員・大学の裁量にゆだねられているといってよい。

18 研究スタッフや構成についても、学位を授与するにふさわしいものかどうかを評価したり、ときに指導を行う、独立行政法人大学改革支援・学位授与機構というものが存在する。

これは海外の国際学会でも同様である。もちろん、オックスフォード大学やケンブリッジ大学、ハーバード大学やスタンフォード大学には著名な教員がいるが、それ以外の、日本のテレビではほとんど名前を挙げられず、あまり知られていない海外の大学の研究者が素晴らしい論文を書いたり、その分野の第一人者になっていることもある。

19 厳密にいえば、博士号などの学位は資格ではなく「称号」であるので、履歴書欄の資格のところにではなく、学歴のところに記入するものではあるのだが。

20 アリストテレス著、高田三郎訳、一九七一―七三『ニコマコス倫理学』（上・下）岩波書店。

21 フロネーシスが世俗的な知であるとすれば、このソフィアは哲学的な知といえる：「哲学」は英語でフィロソフィーであるが、その語源はギリシア語のフィリア（愛）＋ソフィア（哲学的知）に由来する。

22 マイケル・サンデル著、鬼澤忍訳、二〇二一『実力も運のうち――能力主義は正義か？』早川書房：Michael J. Sandel. [2020]. *The Tyranny of Merit : What's Become of the Common Good?*, New York: Farrar Straus and Giroux.

23 そこで参照されているデータは、The COVID Tracking Project の二〇二一年二月時点のもの

24 (https://covidtracking.com/race)。
サンデルはこの点に注目しつつ、アメリカにおいてドナルド・トランプ政権（二〇一七―二〇二一）が成立したのも、こうしたリベラル的なエリート主義に対する反発の受け皿としてトランプ派が機能したと解説している（ただし、トランプは自身の学歴を誇り、自らを「天才」と言い放つ業績主義者でもあったわけだが）。

25 反知性主義に関する代表的な文献としては、リチャード・ホーフスタッター著、田村哲夫訳、二〇〇三『アメリカの反知性主義』みすず書房、あるいは、森本あんり、二〇一五『反知性主義――アメリカが生んだ「熱病」の正体』新潮社を参照されたい。

26 歴史的文脈をさらにさかのぼれば、戒律主義や聖書学至上主義といった知的エリート主導の権威的な教養主義に対し、宗教の世俗的な在り方や信仰心を重んじるところにその起源があると言うこともできる。たとえば、戒律重視のユダヤ教に対する初期キリスト教、あるいは、ラテン語聖書の翻訳を禁じた権威主義的カトリックに対する初期プロテスタンティズムがそれに該当するであろう。アメリカ独自の事情でいえば、アメリカへの初期移民のなかで権威をもつようになった（そして大学における高等教育の主要対象でもあった）エリート牧師主導のプロテスタンティズムに対する、伝道者たちのもと広がった世俗的なプロテスタンティズムという位置づけもできる。

27 テクノクラートとは、専門的・技術的知見のもとで政策立案をする官僚・管理者のこと。

28 キャンセルカルチャー（cancel culture）とは、個人・企業・団体の言動などを理由に、その活動や商品などをボイコットしたり特定の地位から降ろそうとしたり、社会的地位を失わせるべくネガティヴキャンペーンをするような、相手の無効化を目指す活動形態、もしくはそれをもって自分たちにとって望ましい政治社会を形成しようとする傾向のこと。

29 二〇二〇年四月からの「高等教育の修学支援新制度」では、大学・短大・高等専門学校・専門学校等の授業料・入学金の減免や給付型奨学金の支給（住民税非課税及びそれに準ずる世帯の学生が対象）がある。

30 本来は能力主義であった職能資格制度も、日本に導入されるなかで、年功序列制度と調和してゆき、企業内能力形成システムとなっていったという見方もある：宮本光晴、二〇〇九「なぜ日本型成果主義は生まれたのか」『日本労働研究雑誌』五八五、独立行政法人労働政策研究・研修機構、三〇—三三頁。

31 東洋経済オンライン、野口悠紀雄、二〇二二年五月二九日「日本人は年功序列賃金の弊害をよくわかってない——単に歳を重ねただけで生産性が上がるのだろうか」(https://toyokeizai.net/articles/-/590004：二〇二二年八月一六日閲覧)。

32 日本ではよく知られた「飴と鞭」であるが、政治的手法として、プロイセン首相（ドイツ帝国初代宰相）ビスマルクの「甘いパンと鞭」(Zuckerbrot und Peitsche)、あるいは、イギリス首相ウィンストン・チャーチルの「人参と棒」(Carrot and Stick) などの表現もある。

33 たとえば、遅刻をする人に罰金を科したとして、必ずしも遅刻が減るかといえばそうではなく、「ああ、お金を払えば遅刻してもいいんだ」といって遅刻が逆に増えるケースもある。こうした事例については、中村隆文、二〇二二『組織マネジメントの社会哲学——ビジネスにおける合理性を問い直す』ナカニシヤ出版の第Ⅰ部第4章を参照。

34 こうした実験や意義については、中村（二〇二二）の第Ⅰ部第3章、もしくは、中村隆文、二〇一七『自信過剰な私たち——自分を知るための哲学』ナカニシヤ出版の第10章を参照。

35 哲学上のこの議論において、論者のスタンスとしては「非両立論」と「両立論」の二つに分かれる。非両立論は、①あらゆる因果的決定から逃れた自由意志を認める「形而上学的リバタリアニズム」と、②あらゆる自由意志を否定し、すべてが因果的決定のもとにあるとする「ハードな決定論」の二つを含む。両立論については、決定論を認めつつも、自由意志の存在を可能とみなす点で「ソフトな決定論」と呼ばれることもある。これについては、中村隆文、二〇一五『不合理性の哲学——利己的なわれわれはなぜ協調できるのか』みすず書房の第Ⅲ部第7章で詳しく論じてあるので参照されたい。

36 こうした両立論的立場は、一八世紀のイギリスの哲学者デイヴィッド・ヒュームにも見出せる：デイヴィッド・ヒューム著、石川徹、中釜浩一、伊勢俊彦訳、二〇一一『人間本性論　第二巻　情念について』法政大学出版局、第三部第一、二節を参照（中村、二〇一五、第7章でも解説している）。

37 この因果関係の実在性を疑った、哲学史上最も有名な人こそ、デイヴィッド・ヒュームである。詳しくは、デイヴィッド・ヒューム著、木曾好能訳、一九九五『人間本性論　第一巻　知性について』法政大学出版局、第三部を参照されたい。

38 イマヌエル・カント著、坂部恵、平田俊博、伊古田理訳、二〇〇〇「人倫の形而上学の基礎づけ」『カント全集7　実践理性批判　人倫の形而上学の基礎づけ』岩波書店。

39 しかし、戦前はもちろん、戦後もしばらくは技術的なノウハウが不足していたことから、さまざまなトラブルがあった。一九五八年に日本形成外科学会が組織され、美容形成技術は次第に正式な医療としての地位を獲得してゆくなかで、社会的認知度が高まると同時に、技術面・安全面でも信用度を高めていった（形成外科は一九七二年に、美容外科は一九七八年に標榜診療科として認められた）。そして、各種クリニックのCMで分かりやすい価格表示をしたり、芸能人の整形カミングアウトなどもあり、二〇〇〇年以降、一般にも広く利用されるようになっていった（ただし、二〇〇〇年代初期も、年間あたり一〇〇件近くの苦情が国民生活センターに寄せられたという）。

40 第3回全国美容医療実態調査　最終報告書（二〇二〇年六月二二日公表版）

41 外科手術的なものとしては、切開法や埋没法などといった方法による二重瞼の形成や、カニューレを用いた脂肪吸引などがあるが、非外科手術としては、顔のたるみをとるためのヒアルロン酸注入法やボツリヌス・トキシン注入法などがある。

42 佐藤岳詩、二〇二一『心とからだの倫理学——エンハンスメントから考える』筑摩書房、二三—二四頁。

43 帰結主義（consequentialism）とは、ある行為や選択を評価する場合、その帰結に応じた評価をおこなう立場を指す。功利主義（utilitarianism）との違いとしては、功利主義は快苦や選好の集計によって、計算的推論のもとで導出した最大化効用を実現する選択肢を高評価する。より良い結果を求めるのは両者同じであるが、帰結主義者が考える「望ましい結果」

が、効用計算のもとで導出されるものという保証はない。たとえば、ある社会的配分について「それは、お年寄りを見捨てる社会よりも、若者もお年寄りもみんなが平和で暮らせるものなので望ましいね」と帰結主義者が肯定しても、社会的生産性や快苦の観点から効用最大化を追求する功利主義者は、「先が短いお年寄りよりも、若い人を優先する方が望ましい」として、その社会的配分を否定することもある。もちろん、功利主義的な帰結主義者であれば、その結論はおのずと功利主義的になるわけなので、功利主義というものを帰結主義の一部とみなす考え方もある。

44 郵便事業については、二〇〇三年に郵政事業庁から日本郵政公社へ、二〇〇七年からは日本郵政グループとして、各種事業が分割され、二〇一二年には郵便事業株式会社と郵便局株式会社の統合により日本郵便株式会社となり、二〇二三年現在へ至る。

45 これはサンデルの『それをお金で買いますか』にも触れられているし、サンデルもいくつかの講演でこのケースについて言及している（サンデルが挙げるケースの料金は八二ドルであるが）。

46 「ロサンゼルスタイムズ」二〇一七年三月九日付の記事 "Upgrade your jail cell - for a price: Some people convicted of serious crimes pay for better digs" : https://www.latimes.com/projects/la-me-pay-to-stay-jails/（二〇二二年八月二〇日閲覧）。

47 一般予防とは抑止効果を前提としたものであるが、これに対し、実際に罪を犯した者を処罰・教育等を通じて更生させ、その後の再犯を抑制することを特別予防と呼ぶ。これらを刑法における重要な要素とみなす立場を目的刑論と呼び、それは一般的には応報刑論と対置して論じられる。

48 これは、論理哲学者のゴッドロープ・フレーゲの「意味」と「意義」の区別と類似している。意味とは、ある語や文が表示する対象のことであるが（この場合「人の生命を絶つ」ということ）、それに対し、意義とは「表示されたものが与えられる様式」のことである（この場合、どのような文脈において、その「人の生命を絶つ」ということが与えられているか、ということ）。すると、意味が同じであっても意義が異なることはあるわけで（フレーゲの例でいえば、同じ意味をもつ「金星」であっても、「明けの明星」「宵の明星」という異なる意義をもつこともある)、物事の意義とは、どんな観点に立ち、どのような文脈にそれを位置付けるか、ということにあるといえよう。

49 ベンサム著、関嘉彦責任編集、山下重一訳、一九六七「道徳および立法の諸原理序説」『世界の名著38』中央公論社、六九—二一〇頁。

50 この考え方は、国家権力の反倫理性を指摘し、個々人の自由を最大限尊重しようとするリバタリアニズム(自由至上主義)の論者、マリー・ロスバードの主張にもみることができる:マリー・ロスバード著、森村進、森村たまき、鳥澤円訳、二〇〇三『自由の倫理学——リバタリアニズムの理論体系』勁草書房、第二部第13章を参照。

51 「タイム」誌 二〇一六年四月一三日の記事 "Should Cities Pay Criminals to Not Commit Crimes?" (https://time.com/4292260/richmond-program-lower-crime/:二〇二二年八月二二日閲覧).

52 ただし、サンデルはいくつかの講演のなかで、囚人部屋のアップグレードの問題と、この更生プログラムをともに商業化・市場化の問題としていっしょくたにし、それらを共通善や徳と対立的なものとして論じている節がある(前者はスカイボックス化、後者は金銭的インセンティヴの問題として)。もちろん、ともに運用次第ではそうなりうるものであるが、公共的な意識を介在させることでその対立を緩和させることはできるであろうし、この更生プログラムについては修復的司法との組み合わせによって、共通善の実現の一環とみなすこともできるだろう。

53 ここでの議論の多くは中村隆文、二〇二二「リベラリズムにおける寛容の可能性——民主主義の担い手とは?」『TASC MONTHLY』五五九、たばこ総合研究センター(TASC)、六—一二頁に基づいている。

54 公共圏を定義するとすれば、それぞれが何らかの関わり合いをもつ領域で、プライヴェートな空間ではないが、しかし、制度的ルールが市民それぞれの振舞いを直接的に制約するものでもなく、その間に位置するような、「個人としての自由を行使しつつも、自分以外の他者と関連せざるをえない領域」、ということができる。ただし、それらの「間」にあるといっても断絶しているわけではないので、プライヴェートなものをそこに持ち込むことも、また、法的・政治的考え方をそこに持ち込むこともできるし、逆に、公共圏で醸成された新たな考え方をプライヴェートに持ち込んだり、あるいはそれを政治的ムーブメントとして制度的ルールに反映させることで政治社会の土壌ともなりうる。

55 これに対し、「カール・ポパーが論じたように、（差別的偏見のような）不寛容さに対して寛容なままでいると、不寛容な社会が到来するので、バカな意見には不寛容さをもって接するべきなのだ」とそうしたリベラル側は反論するかもしれないが、ポパーはだからといって、実力行使の抑圧や表現の自由の禁止を推奨したわけではない。また、このての寛容のパラドックスの背後には、そもそもは「寛容であることをどこまでも求めるのは不寛容ではないか」という疑念がある。それを解決するために、「では、寛容であることをそこまで求めないで、不寛容に対しても寛容に受け入れましょう、とすると……」となって、結局は、それも不寛容な社会の到来となってしまうというパラドキシカルな事態（いわゆる二つのジレンマの角）を示したものである。しかし、ポパーの本意としては、多元的価値を根絶しかねない画一的な——権力に食い込んだ「知」のエリートたちの独善的な——価値観によって支配された社会に対し、徹底的に抵抗しようとしていたことを忘れてはならない。

56 「ネオ・リベラリズム（neo-liberalism：ネオリベ）」とは、アダム・スミスなどの古典的リベラリズムにおける自由市場や政府非介入の原理が、その後の「大きな政府」や社会主義的政策の台頭後となる二〇世紀に再度脚光を浴びたもので、二一世紀以降はグローバル経済の擁護者として用いられる文脈が多い。これに対して、「ニュー・リベラリズム（new-liberalism）」は、古典的自由主義によって生じたさまざまな弊害を修正するために多少の政府の市場介入や社会保障的な財の再分配を提唱する立場であって、ネオリベとは一線を画すものであることに注意。

57 これは、アリストテレスの二種類の正義のうち、匡正的正義（調整的平等）を重んじる立場といえる。たとえば、思わぬアクシデントなどによって損なわれた「本来あるべきもの」を回復させることもこの正義の観点からは重要なものであり、そこから、

「運の悪さ」「生まれた環境」のもとで生じた格差を解消しようとすることが目的とされる。他方、自由市場において生じる格差に肯定的な古典的リベラリズムは、個々の努力やその成果の結果、それに対応する形で生じた格差について正当な分配状況とみなすわけで、それは配分的正義（比例的平等）を重視する立場ともいえる。もちろん、リベラル派の多くはこの配分的正義を完全否定するものではなく、それを尊重しつつも、不当な格差をできるだけ解消しようとする。

58 直訳すると「政治的正しさ」。具体的には、社会における特定グループ（その多くは、抑圧されたマイノリティ）を萎縮させたり不快感を与えることで、そうでない人たちが安心しながら暮らしたり、当然のごとく行使できる権利を特定のグループだけが行使できない空気を生み出すような不当な（しかし、法的に禁止をすることが言論の自由に抵触するかもしれないような）偏見や差別的表現や振舞いに対し、そうでないような表現や振舞いを求める、中立性・公平性をもった政策や提言を意味するもの。

59 思想・言論の自由を推奨した有名な哲学者としてジョン・スチュアート・ミルがいる。彼は、各言説が議論を通じてぶつかるなかで真に価値あるものは残されてゆく、というような、ある意味では言説の市場淘汰説のようなことを述べてはいるものの、そもそもそうしたプロセスが成立する前提として、①間違ったような言説にも幾分か良いところは含まれているのでそれをいきなり排除しようとはしないこと、②政治権力が議論に介入して特定の言説に対し権力をもって抑圧しないこと、を強調している：J・S・ミル著、塩尻公明、木村健康訳、一九七一『自由論』岩波書店。

60 「トーンポリシング」とは、トーン（話し方・口調）のポリシング（取り締まり）のことであり、発話内容の妥当性ではなく発話を攻撃することで、その内容までも無効化するかのような拒絶的態度とされる。

61 ジャン＝ジャック・ルソー著、作田啓一訳、二〇一〇『社会契約論』白水社。

62 ジョン・ロールズ著、川本隆史、福間聡、神島裕子訳、二〇一〇『正義論』改訂版、紀伊國屋書店。

63 とはいえ、ロールズの正義論の立場では、辞書的順位（lexical order）のもと、第一原理としての自由原理、そして第二原理としての平等原理がくるので、あくまでそれはリベラリズムなのではあるが。

64 宇野重規、二〇一三「リベラリズム・コミュニタリアン論争再訪」『社會科學研究』第六四巻第二号、東京大学社会科学研究所、八九―一〇八頁。

65 アイデンティティ・ポリティクスとは、社会的不公正ゆえの不利益を被っている特定の属性（ジェンダー、人種、障害など）をもった集団の利益確保と、当の社会的不公正の是正を求める政治的活動のこと。この場合、その属性をもった集団は単なる配慮の対象というだけでなく政治的主体性をそなえており、自分たちの積極的な活動（デモや講演会など）のみならず、政治家への働きかけ、あるいは、自身の派閥からの政界進出を行う場合もある。昨今、特定の政党や言論人が当該集団の主張を積極的に取り込んで、対立する政党や言説を攻撃したり支持を集めようとするなど、その活動は、政治家や言論人・文化人に利用されがちな側面もある。

66 民主主義における多数決肯定主義と混同されがちなポピュリズムであるが、前者はあくまで手続きに関わるものである一方、後者はその実質的態度を特徴とする。たとえば、自分たちこそが「真の人民」であるとしてそれ以外の人たちの意見を排除しようとしたり、ときに民主主義的に正当な手続きによる決定すらも覆そうとするところにその特徴がある（ヤン＝ヴェルナー・ミュラー著、板橋拓己訳、二〇一七『ポピュリズムとは何か』岩波書店、一二三―一二六頁を参照）。

67 それは、ルソーの一般意志や、アダム・スミスの公平な観察者理論が目指していたものでもある。ただし、サンデルのコミュニタリアニズムがその描き方や原理を明示していないのに対し、具体的にそれを描こうとしたのが、ロールズの「無知のヴェール」と位置づけることもできる（ロールズに好意的な解釈をするのであれば）。

68 一般的に、パブリック・グッド（public good）とは、経済学の用語で「公共財」と呼ばれるものである。もっとも、公共財もまた公共の問題であるので、共通善において論じられる事柄（たとえば、公園や観光地、景観など）にかかわってくることもあるわけではあるが。

69　ただし、ロールズの後期著作『政治的リベラリズム』(一九九三)(原題：*Political Liberalism*)では、そうした普遍主義的なニュアンスは弱まり、個々の異なる価値体系を接続して共存可能とするモジュールとして「正義」が機能すると主張するにとどまっている。もちろん、そのモジュール機能は、個々の「善」にはない正義特有の性質ではあるのだが、そのモジュールはすべての価値体系に対して機能するわけではない。価値体系と接続して機能しうるかどうかは、その価値体系と正義の構想との相性にあるわけなので、かなり共同体主義に近づいたといってよい。しかしそれでも、そのモジュール機能には中立性というものが必須とされているので、この点にもサンデルは不満を表明している(これについては、中村、二〇一九、一五七―一六〇頁を参照)。

70　政治的リベラリズムに賛同的なヌスバウムの議論でも言及されている：マーサ・ヌスバウム著、河野哲也監訳、二〇一〇『感情と法――現代アメリカ社会の政治的リベラリズム』慶應義塾大学出版会。

71　フランス・ドゥ・ヴァール著、柴田裕之訳、二〇一〇『共感の時代へ――動物行動学が教えてくれること』紀伊國屋書店。

72　これは一八世紀に、すでにヒュームが指摘した点である。ヒュームにおいて、共感は(因果的認識同様に)、「類似」「近接」の影響を受けるのであって、推論的な能力としての理性同様に、決して万能なものではない。：デイヴィッド・ヒューム著、伊勢俊彦、石川徹、中釜浩一訳、二〇一二『人間本性論 第三巻 道徳について』法政大学出版局、第三部第三節を参照。

73　前掲書、第三巻第二部第二節、他には、デイヴィッド・ヒューム著、渡部峻明訳、一九九三『道徳原理の研究』哲書房、付録三を参照。

74　J・G・A・ポーコック著、田中秀夫訳、一九九〇「ケンブリッジ・パラダイムとスコットランド人哲学者――十八世紀社会思想のシヴィック・ヒューマニズム的解釈と市民法学的解釈との関係の研究」ホント、イグナティエフ編著、水田洋、杉山忠平監訳『富と徳』未來社所収、第9章参照。原典は、Istvan Hont and Michael Ignatieff (eds.), *Wealth and Virtue: The Shaping of Political Economy in the Scottish Enlightenment* (New York: Cambridge

University Press, 1983).

75　後部燃料タンクが引火を起こしやすい設計であったサブコンパクトカー。

76　インセンティヴ（incentive）とは、意思決定や行動に向かわせる要因のことで、「動機付け」「誘因」といわれる。

77　https://www.npa.go.jp/bureau/traffic/seibi2/kisei/tyuusya/202311parking.pdf

78　さらに現在では、物流の２０２４年問題というのもある。運送業では人手が少ないことに加え、働き方改革の一環により、ドライバーの長時間労働が制限され、その結果、物流が滞りかねないことが懸念されている。

79　とはいえ、過去六ヵ月以内に三回以上の違反金が発生する場合、車両の使用が制限されるわけではあるが。

80　たとえば、かつてイスラエルで行われた託児所での遅刻に罰金を科す実験においても、逆機能が働き、かえって遅刻が増えたケースがある（中村隆文『組織マネジメントの社会哲学――ビジネスにおける合理性を問い直す』ナカニシヤ出版二〇二二年、五九―六一頁）。

81　ベンサムの功利主義については、ベンサム著、関嘉彦責任編集、山下重一訳、一九六七「道徳および立法の諸原理序説」『世界の名著38』中央公論社、六九―二一〇頁を参照されたい。

82　ハーバーマスのコミュニケーション的合理性の議論については、ユルゲン・ハーバーマス著、河上倫逸、M・フーブリヒトほか訳、一九八五―八七『コミュニケイション的行為の理論』（上・中・下）未來社を参照。また、中村隆文、二〇一九『リベラリズムの系譜学――法の支配と民主主義は「自由」に何をもたらすか』みすず書房では、ハーバーマスの理論について解説しているので、そちらも参照されたい。

参考文献

アリストテレス著、高田三郎訳　一九七一―七三『ニコマコス倫理学』(上・下) 岩波書店
ベンサム著、関嘉彦責任編集、山下重一訳　一九六七「道徳および立法の諸原理序説」『世界の名著38』中央公論社、六九―二一〇頁
フランス・ドゥ・ヴァール著、柴田裕之訳　二〇一〇『共感の時代へ――動物行動学が教えてくれること』紀伊國屋書店
Ronald G. Fryer Jr., Steven D. Levitt, John A. List, and Sally Sadoff. [2012]. "Enhancing the Efficacy of Teacher Incentives Through Loss Aversion: A Field Experiment," NBER Working Paper 18237.
リチャード・ホーフスタッター著、田村哲夫訳　二〇〇三『アメリカの反知性主義』みすず書房
ウリ・ニーズィー、ジョン・A・リスト著、望月衛訳　二〇一四『その問題、経済学で解決できます。』東洋経済新報社：Uri Gneezy and John A. List. [2013]. *The Why Axis: Hidden Motives and the Undiscovered Economics of Everyday Life*, New York: Harper Collins Publishers.
イマヌエル・カント著、坂部恵、平田俊博、伊古田理訳　二〇〇〇『カント全集7　実践理性批判　人倫の形而上学の基礎づけ』岩波書店
警察庁交通局「令和5年『駐車対策の現状』」(https://www.npa.go.jp/bureau/traffic/seibi2/kisei/tyuusya/202311parking.pdf：二〇二三年一二月一三日閲覧)
ユルゲン・ハーバーマス著、河上倫逸、M・フーブリヒトほか訳　一九八五―八七『コミュニケイション的行為の理論』(上・中・下) 未來社

デイヴィッド・ヒューム著、渡部峻明訳　一九九三『道徳原理の研究』晢書房
デイヴィッド・ヒューム著、木曾好能訳　一九九五『人間本性論　第一巻　知性について』法政大学出版局
デイヴィッド・ヒューム著、石川徹、中釜浩一、伊勢俊彦訳　二〇一一『人間本性論　第二巻　情念について』法政大学出版局
デイヴィッド・ヒューム著、伊勢俊彦、石川徹、中釜浩一訳　二〇一二『人間本性論　第三巻　道徳について』法政大学出版局
Los Angeles Times, "Upgrade your jail cell - for a price: Some people convicted of serious crimes pay for better digs": https://www.latimes.com/projects/la-me-pay-to-stay-jails/（二〇二二年八月二〇日閲覧）
J・S・ミル著、塩尻公明、木村健康訳　一九七一『自由論』岩波書店
宮本光晴　二〇〇九「なぜ日本型成果主義は生まれたのか」『日本労働研究雑誌』五八五、独立行政法人労働政策研究・研修機構、三〇―三三頁
森本あんり　二〇一五『反知性主義――アメリカが生んだ「熱病」の正体』新潮社
中村隆文　二〇一七『自信過剰な私たち――自分を知るための哲学』ナカニシヤ出版
中村隆文　二〇一九『リベラリズムの系譜学――法の支配と民主主義は「自由」に何をもたらすか』みすず書房
中村隆文　二〇二二『組織マネジメントの社会哲学――ビジネスにおける合理性を問い直す』ナカニシヤ出版
中村隆文　二〇二二「リベラリズムにおける寛容の可能性――民主主義の担い手とは？」『TASC MONTHLY』五五九、たばこ総合研究センター（TASC）、六―一二頁
日本美容外科学会「第3回全国美容医療実態調査　最終報告書」（二〇二〇年六月二二日公表版）

マーサ・ヌスバウム著、河野哲也監訳　二〇一〇『感情と法――現代アメリカ社会の政治的リベラリズム』慶應義塾大学出版会

J・G・A・ポーコック著、田中秀夫訳　一九九〇「ケンブリッジ・パラダイムとスコットランド人哲学者――一八世紀社会思想のシヴィック・ヒューマニズム的解釈と市民法学的解釈との関係の研究」ホント、イグナティエフ編著、水田洋、杉山忠平監訳『富と徳』未來社：Istvan Hont and Michael Ignatieff (eds.), [1983]. *Wealth and Virtue: The Shaping of Political Economy in the Scottish Enlightenment*, New York: Cambridge University Press.

ジョン・ロールズ著、川本隆史、福間聡、神島裕子訳　二〇一〇『正義論』（改訂版）紀伊國屋書店

マリー・ロスバード著、森村進、森村たまき、鳥澤円訳　二〇〇三『自由の倫理学――リバタリアニズムの理論体系』勁草書房

ジャン゠ジャック・ルソー著、作田啓一訳　二〇一〇『社会契約論』白水社

マイケル・サンデル著、鬼澤忍訳　二〇一二『それをお金で買いますか――市場主義の限界』早川書房：Michael J. Sandel. [2012]. *What Money Can't Buy: The Moral Limits of Markets*, New York: Farrar, Straus and Giroux.

マイケル・サンデル著、鬼澤忍訳　二〇二一『実力も運のうち――能力主義は正義か?』早川書房：Michael J. Sandel. [2020]. *The Tyranny of Merit: What's Become of the Common Good?*, New York: Farrar Straus and Giroux.

佐藤岳詩　二〇二一『心とからだの倫理学――エンハンスメントから考える』筑摩書房

The COVID Tracking Project（https://covidtracking.com/race：二〇二一年六月二一日閲覧）

Time, "Should Cities Pay Criminals to Not Commit Crimes?"（https://time.com/4292260/richmond-program-

lower-crime/：二〇二二年八月二二日閲覧）
東洋経済オンライン、野口悠紀雄（二〇二二年五月二九日）「日本人は年功序列賃金の弊害をよくわかってない――単に歳を重ねただけで生産性が上がるのだろうか」（https://toyokeizai.net/articles/-/590004：二〇二二年八月一六日閲覧）
宇野重規　二〇一三「リベラル・コミュニタリアン論争再訪」『社會科學研究』第六四巻第二号、東京大学社会科学研究所、八九―一〇八頁

あとがき

「現代人は、自分さえよければよいといった個人主義にはまりこみすぎて、政治や社会に無関心になってしまった」とか「最近の人は、公共心というものが足りない」といった嘆き節を耳にするようになって久しい。しかし、本当にそうなのであろうか。

たしかに、国政選挙の投票率が七割を超えていた昭和期に比べ、ここ最近は五割前後をいったりきたりするぐらいであるし、そもそも日本人は表立って政治を議論することが少ないので（「野球と政治の話は、友人とはしないほうがいい」という格言もあるくらいなので）、そう思ってしまうのも仕方ないかもしれない。しかし、「関心がなくなってしまった」とまでいえるのだろうか。ＳＮＳでは相も変わらず政治の話で盛り上がっているし、政治家のゴシップ記事が売れたり、テレビではほとんど毎日政治関連の話が取りざたされたりしているくらいなので、国民が政治にまったく関心がないなどということはないようにも思える。

もちろん、政治については――たとえ関心があっても――なかなか積極的になれていないという事実があるのは確かである。投票はさておき、政治家に対する抗議行動や、街頭でのデモ活動、あるいは、政治関連の集会へと意欲的に参加する人は、（損得や党派性を抜きにすれば）多数派とはいいにくい。ただし、このことがそのまま政治的無関心を意味するものではないだろう。というのも、国民すべてが惰性のみで政治参加するだけでは、二〇〇九年から二〇一二年までの政権交代は成立しえなかったであろうし、コロナ禍やロシアのウクライナ侵攻などを経て、政治に対する関心・要望が高まりをみせているのは事実である。

しかし、政治的問題にはある程度関心があるとしても、「公共」そのものについては、どこか他人事のように捉えていることはないだろうか。もちろん、個々人ができないことを取り扱い、人々を少しでも幸福な状態にする責務が政治家や立法府にはあるわけで、政治は公共になんらかの形でコミットして当たり前である（ゆえに政治批判をすることは自由であるし、当然の権利なのであるが）。とはいえ、われわれ一般人もまた公共の担い手のはずである。個人主義を振りかざしつつ「何をしようが自由だろ」とばかりに好き勝手に振舞いながら、あるいは、自分たちは世間のことに気を留めようとしないまま、「政治がなんとかしてよ！」「世の中が生きづらいのはすべて政治のせいだ」と丸投げするのは――そうした政治批判や言論の自由は保障されるべきものであるにしても――公共的な徳に欠ける態度ではないだろうか。政治が責任を果たすことと、市民ができることをやることは両立するはずであるし、後者の限界をきちんと理解してこそ、その限界を超えた問題を具体的な形で政治へ託すことができるように思われる。公共哲学とはそれを模索する学問ともいえるだろう。

日本において公共哲学がよく知られるようになったことには、やはりハーバード大学のマイケル・サンデル教授の影響が大きいだろう。NHKでの白熱教室シリーズをはじめ、『これからの「正義」の話をしよう』（早川書房、二〇一〇）、『それをお金で買いますか』（早川書房、二〇一二）、『実力も運のうち』（早川書房、二〇二一）など、市民に対して現代社会を問うそのスタイルは注目を集め、一時は政治哲学・公共哲学ブームを巻き起こした。講義内での彼の持ちネタである「一人を犠牲にして五人の生命を助けるかどうか？」といったトロッコ（トローリー）問題や、お金を払って囚人が部屋のアップグレードをするといった問題など、倫理学や政治哲学を一般レベルにまでかみ砕いて解説するそのスタイルは、学術と日常の橋渡し役を果たしたともいえるものであった（ただし、トロッコ問題のオリジナルはサンデルではなく、フィリッパ・フットの一九六七年の論文『中絶問題と二重結果論』である）。

しかし、惜しむらくは、その議論の趣旨がややズレた形で伝わっているようにもみえることである。たとえば、サンデルの議論に触れた人たちの感想として、「うーん、いろいろ頭使って考えろってことだよね」「政治に関心もちましょうってことだよね」「お金がすべてではなく、モラルに立ち返りましょうってことなんでしょ」というものがある。そうした感想は決して間違ってはいないのだが、なかには「公共」という概念がそこからすっぽりと抜け落ち、公共哲学としてのサンデルの趣旨をとらえそこなってしまったようなものもある。たしかに、サンデルのそれは二一世紀風の啓蒙活動であるし、道徳的お説教もいくぶんかは含んでいるが、それだけではない。

いや、もちろん、モラルをもつのは悪いことではないし、主体性の引き受けそれ自体は大事なことだ。しかし、サンデルの議論が推奨するのは、「公共とはどういうものであるのか、その輪郭をいろんな角度からクリアにして、いままでの価値観では見えなかったものを見ようとしてみましょう」ということである。つまり、単なる好き嫌いを超えて、解像度を高めるような認識の枠組みを共有しつつ、「公共というところに何があるのか」を明らかにしていこうという真摯な認識論的姿勢を求めているのである（白熱教室や正義に関する議論は、この点が強調されすぎて、「問いなおす哲学」という印象が強い）。「あなたはこっちを選ぶ？　それともあっち？　よく考えて！」というような二者択一的問題のレベルでサンデルの議論をとらえようとすると、それはむしろサンデルの趣旨とズレたものとなるであろうし、「公共」を理解する仕方としてもズレたものとなってしまう。

実際、ある種の議論に対し、「ということは、資本主義を否定し、社会主義や共産主義といった左派的思想に立つわけですね」とか、「それってナショナリズムを推奨するわけでしょ」と早合点をしてしまい、相手をそれ以上理解しようとしなくなるケースもある。こうした早合点は、初学者よりも、政治思想を或る程度学んだ人にみられる傾向であるが、公共を論じることと、政治的スタンスのいずれかを推奨することとは似て非なるものである。

政治思想に或る程度つうじている人においては、これまで学んだ学説・政治的スタンスのいずれかに理想を見いだし、その主張こそが理に適っていると考え、それに反するものを「不合理」と断定しがちな傾向がときに見受けられる。しかし、それはとても危険な単純化である。「自由主義／社会主義」、「個人主義／国家主義」、「反功利主義／功利主義」といった二項対立図式はいたるところでみられるし、問題の整理としてときに必要なものではあるが、すべてのイシューをこうした対立図式に還元し、一方を勝者に、他方を敗者としたがるイデオロギー的姿勢は、むしろ、公共の問題や、対立・分断の背景をみえにくくしがちなものである。公共の問題のいくつかは、自由主義では解決できないものもあるが、だからといって、すべてにおいて自由を完全に消してしまえばよいものではない。それに、或るイシューについては、「どの程度自由に、しかし、どの程度規制するか」とか、「どの程度個人の権利を尊重し、どの程度公共の利益を求めるか」といった、グラデーション的な捉え方も必要になってくる。そうした捉え方を捨象し、バッサリと「結局、自由主義か社会主義の政治的スタンスをとるってことでしょ」などと捉えてしまうのでは、せっかくいろいろ知識をもっているとしても、そうでない人とやっていることは大して変わらない。それに、政治と公共とは関連があるものの、両者は分けて考えられるべきものである。

公共哲学のアドバンテージは、現在の政党政治や政権、従来の政治思想ではすくいとれないものをとらえ、そのよりよき対応へと思考を至らしめるものである。そうである以上、既存の政治哲学上の概念の枠内にとらわれない——もちろんその概念を援用した議論をするのは構わないが——柔軟な思考が必要である。ただし、柔軟だからといってなんでもよいわけではなく、論理に沿っていなければならないし、安易に相対主義的スタンスをとるのは思考放棄ともいえるものなのだが。

おそらく、このことは、公共哲学というジャンルに共通する独自の分かりにくさと関連しているように思われる。これまで公共哲学（とりわけサンデルのそれ）に触れたことがある人が、「公共哲学って、たしかに大事だし、重要なことを言ってるんだけど、結局なにが言いたいか分からない」といっているのを耳にしたことがあるが、これは公共哲学独自のまわりくどさと慎重さに由来するものであろう。それに、或る政治的スタンスからみるとたいした問題とも思えない事柄を、公共哲学の議論が別の観点から問題視すると、「煩わしい」とか「何の意味があるの」と感じることもあるのかもしれない。

実際、本書の議論もそう受け取られるリスクを逃れてはいない。提示する問題のすべてが愉快で面白いわけではなく、ときに面倒臭かったり、或る政治的スタンスの人々からみればバカバカしく感じたり、苦々しく思えるものもあるかもしれない。しかし、だからといって、多面的分析をやめ、特定の政治的観点のみを称揚することに終始するというのは、公共哲学の土俵から降りるようなものである。それでは、前に進めるはずであった思考も停滞し、自分とは異なる政治的スタンスをもった――どこか不気味にみえる――他者を「公共圏において共存可能な隣人」とみなす可能性も閉じられてしまう。対立する他者の主張のどこまでを許容でき、そしてどこまでを相手に許容してもらえるかを模索するような――単なる「諦め」ではない――理に適った譲歩と合意の輪郭を浮かび上がらせるためにも、われわれは粘り強く「公共」について思考をめぐらしてゆくべきであるように思う。

かくいう私もいまだ修行中の身であり、公共の一員としてこれからも思考し続けなければならないわけであるが、願わくば、本書を手に取った読者には最後までお目通しいただき、読む前と読んだ後でなんらかの認識の変化が――できれば良い形で――生じていれば、筆者としては嬉しい限りである。

中村隆文（なかむら・たかふみ）

一九七四年生まれ。神奈川大学国際日本学部教授。千葉大学大学院社会文化科学研究科博士課程修了。博士（文学）。

著書に、『組織マネジメントの社会哲学――ビジネスにおける合理性を問い直す』（ナカニシヤ出版）、『物語 スコットランドの歴史――イギリスのなかにある「誇り高き国」』（中公新書）、『世界がわかる比較思想史入門』（ちくま新書）、『スコッチウイスキーの薫香をたどって――琥珀色の向こう側にあるスコットランド』（晃洋書房）、『「正しさ」の理由――「なぜそうすべきなのか？」を考えるための倫理学入門』『自信過剰な私たち――自分を知るための哲学』（ともにナカニシヤ出版）、『リベラリズムの系譜学――法の文配と民主主義は「自由」に何をもたらすか』『不合理性の哲学――利己的なわれわれはなぜ協調できるのか』（ともにみすず書房）など。

なぜあの人《ひと》と分《わ》かり合《あ》えないのか

分断《ぶんだん》を乗《の》り越《こ》える公共哲学《こうきょうてつがく》

二〇二四年 二月一三日 第一刷発行

著者 中《なか》村《むら》隆《たか》文《ふみ》

発行者 森田浩章

発行所 株式会社 講談社
東京都文京区音羽二丁目一二―二一 〒一一二―八〇〇一
電話 （編集）〇三―五三九五―三五一二
（販売）〇三―五三九五―五八一七
（業務）〇三―五三九五―三六一五

装幀者 奥定泰之

本文データ制作 講談社デジタル製作

本文印刷 信毎書籍印刷 株式会社

カバー・表紙印刷 半七写真印刷工業 株式会社

製本所 大口製本印刷 株式会社

KODANSHA

ISBN978-4-06-534090-5 Printed in Japan N.D.C.100 200p 19cm

講談社選書メチエの再出発に際して

講談社選書メチエの創刊は冷戦終結後まもない一九九四年のことである。長く続いた東西対立の終わりはついに世界に平和をもたらすかに思われたが、その期待はすぐに裏切られた。超大国による新たな戦争、吹き荒れる民族主義の嵐……世界は向かうべき道を見失った。そのような時代の中で、書物のもたらす知識が一人一人の指針となることを願って、本選書は刊行された。

それから二五年、世界はさらに大きく変わった。特に知識をめぐる環境は世界史的な変化をこうむったとすら言える。インターネットによる情報化革命は、知識の徹底的な民主化を推し進めた。誰もがどこでも自由に知識を入手でき、自由に知識を発信できる。それは、冷戦終結後に抱いた期待を裏切られた私たちのもとに差した一条の光明でもあった。

その光明は今も消え去ってはいない。しかし、私たちは同時に、知識の民主化が知識の失墜をも生み出すという逆説を生きている。堅く揺るぎない知識も消費されるだけの不確かな情報に埋もれることを余儀なくされ、不確かな情報が人々の憎悪をかき立てる時代が今、訪れている。

この不確かな時代、不確かさが憎悪を生み出す時代にあって必要なのは、一人一人が堅く揺るぎない知識を得、生きていくための道標を得ることである。

フランス語の「メチエ」という言葉は、人が生きていくために必要とする職、経験によって身につけられる技術を意味する。選書メチエは、読者が磨き上げられた経験のもとに紡ぎ出される思索に触れ、生きるための技術と知識を手に入れる機会を提供することを目指している。万人にそのような機会が提供されたとき初めて、知識は真に民主化され、憎悪を乗り越える平和への道が拓けると私たちは固く信ずる。

この宣言をもって、講談社選書メチエ再出発の辞とするものである。

二〇一九年二月　　野間省伸

ヘーゲル『精神現象学』入門　長谷川 宏
カント『純粋理性批判』入門　黒崎政男
知の教科書 ウォーラーステイン　川北 稔編
カイエ・ソバージュ〔完全版〕　中沢新一
人類最古の哲学 カイエ・ソバージュI〔新装版〕　中沢新一
知の教科書 スピノザ　C・ジャレット 石垣憲一訳
知の教科書 ライプニッツ　F・パーキンズ 梅原宏司・川口典成訳
知の教科書 プラトン　M・エルラー 三嶋輝夫ほか訳
フッサール 起源への哲学　斎藤慶典
完全解読 ヘーゲル『精神現象学』　竹田青嗣 西 研
完全解読 カント『純粋理性批判』　竹田青嗣
分析哲学入門　八木沢 敬
ドイツ観念論　村岡晋一
ベルクソン＝時間と空間の哲学　中村 昇
精読 アレント『全体主義の起源』　牧野雅彦
九鬼周造　藤田正勝
夢の現象学・入門　渡辺恒夫

ヨハネス・コメニウス　相馬伸一
アダム・スミス　高 哲男
ラカンの哲学　荒谷大輔
解読 ウェーバー『プロテスタンティズムの倫理と資本主義の精神』　橋本 努
新しい哲学の教科書　岩内章太郎
アガンベン《ホモ・サケル》の思想　上村忠男
使える哲学　荒谷大輔
極限の思想 バタイユ　佐々木雄大
極限の思想 ニーチェ　城戸 淳
極限の思想 ドゥルーズ　山内志朗
極限の思想 ハイデガー　高井ゆと里
極限の思想 サルトル　熊野純彦
極限の思想 ラカン　立木康介
〈実存哲学〉の系譜　鈴木祐丞
今日のミトロジー　中沢新一
パルメニデス　山川偉也
精読 アレント『人間の条件』　牧野雅彦

日本語に主語はいらない　金谷武洋
テクノリテラシーとは何か　齊藤了文
どのような教育が「よい」教育か　苫野一徳
感情の政治学　吉田　徹
マーケット・デザイン　川越敏司
「社　会《コンヴィヴィアリテ》」のない国、日本　菊谷和宏
権力の空間／空間の権力　山本理顕
地図入門　今尾恵介
国際紛争を読み解く五つの視座　篠田英朗
易、風水、暦、養生、処世　水野杏紀
丸山眞男の敗北　伊東祐吏
新・中華街　山下清海
ノーベル経済学賞　根井雅弘編著
日本論　石川九楊
丸山眞男の憂鬱　橋爪大三郎
危機の政治学　牧野雅彦
主権の二千年史　正村俊之

機械カニバリズム　久保明教
暗号通貨の経済学　小島寛之
電鉄は聖地をめざす　鈴木勇一郎
日本語の焦点　日本語「標準形《スタンダード》」の歴史　野村剛史
ワイン法　蛯原健介
MMT　井上智洋
快楽としての動物保護　信岡朝子
手の倫理　伊藤亜紗
現代民主主義　思想と歴史　権左武志
やさしくない国ニッポンの政治経済学　田中世紀
物価とは何か　渡辺　努
SNS天皇論　茂木謙之介
英語の階級　新井潤美
目に見えない戦争　イヴォンヌ・ホフシュテッター　渡辺　玲訳
英語教育論争史　江利川春雄
人口の経済学　野原慎司